「撮る」マインドフルネス

石原眞澄

Mindfulness Photography

写真を
見ると
今の自分が
わかる、
心がととのう

日本実業出版社

３つのステップで心がととのう
「撮るマインドフルネス」の流れ

1

写真を撮る

「好きな色」「好きな光」「小さな幸せ」など
テーマに沿って写真を撮る。
※テーマの一覧は、P192〜196を参照のこと

2

観る

撮った写真から、テーマにぴったりな1枚を選ぶ。
ありのままに写真を観て、
「どんなところが気になった？」
「観ているとどんな気持ちになる？」
と、自分の心と対話をする

3

言葉にする

写真を観て浮かんできた気持ちや出来事を
思ったままに書く。
書いたものは、時間をおいて読んでみる

テーマ：何となく気になるもの

「君はどこから来たの？　君は何者？　君はどこへ行くの？」

➡ 海辺を散歩していたら、トラックの荷台に乗った「鯛」
と出会った。空を泳いでいるような彼の姿に、のびのび
とした気持ちになった。

はじめに

　この本では、「写真を撮る・観る・言葉にすることで、マインドフルネスの効果を得る方法」を、多くの心理学の研究で証明された結果にもとづいて紹介します。

　マインドフルネスとは、「良い・悪いなどの価値判断をすることなく、今この瞬間に注意を向けている状態」を指します。この状態でいられれば、感情に振り回されることなく心がおだやかになります。

　楽しみながら写真を撮って、観て、それを言葉にするという３ステップで、考え方や生き方、そして人生までが劇的に変わってしまうのです。それが「撮るマインドフルネス」です。

「写真で人生が変わるなんて、大げさな……」と思われるかもしれませんが、本当です。

「霧が晴れたように毎日が楽しいです」
「いろいろなことに取り組む気力が湧いてきました」

「幸せになっていいと思えるようになりました」

　これらは私の講座に参加したみなさんから実際に寄せられる声の一例です。それはもう、本当にうれしそうに報告してくれます。

　では、なぜ写真にこのような力があるのでしょうか？

　ひと言で言うと、あなたが撮った写真はあなたの「写し鏡」だから。じつは、写真には目に見えない撮り手の気持ちも写っています。あなたは、その写真で本来の自分自身に出会うことができるのです。

　この本の大きな特徴は、一般的なマインドフルネスの本とは異なり、写真を使ったアプローチを紹介していることです。視覚的な要素と感情を組み合わせて、深い自己理解と心の平穏を自分自身で探究できます。

　Chapter4〜6では具体的な写真のテーマやレッスンを盛り込み、実践的なガイドとなるように工夫しました。この方法の魅力は、実践のハードルが非常に低いことにあり、カメラやス

マホ（スマートフォン）があれば、いつでもどこでも実践できます。

　これからお伝えする「撮るマインドフルネス」は、「上手な写真の撮り方」ではなく、「写真に写った自分の気持ちを読み取り、言葉にしていくことで、自分を理解して、心をととのえる方法」です。

　私自身も、写真に救われ、写真によって人生が変わった経験があります。自分自身の経験と多くの研究の成果を通じて、写真の持つ驚くべき力をみなさんに伝えたいという想いから、この本を執筆しました。
　本書を通じて、日常のなかで撮る写真が、ただの記録や思い出だけでなく、心身の健康を取り戻すツールとして活用できることを知り、実践していただけるように構成しました。

　「今、ここ」を心から楽しみながら、ありのままの自分を肯定する新しい習慣をはじめてみましょう。

Contents	「撮る」マインドフルネス 写真を見ると今の自分がわかる、心がととのう

はじめに

Chapter 1

写真を撮ると、
心がととのうのはなぜ?

Chapter 2
「撮るマインドフルネス」で、見方や感じ方が磨かれる

Chapter 3
心をととのえる「フォトログ」

Chapter 4

ポジティブな気持ちで毎日を彩る 10のレッスン
—— ポジティブ感情を高め、元気になる
マインドフルなフォトログ①

Chapter 5

日常の「ありがとう」を見つける
10のレッスン
—— 幸福感が高まり心が安定する
マインドフルなフォトログ②

Chapter **6**

「今、この瞬間」を大切にする
10のレッスン
── 心をニュートラルにととのえる
　　　マインドフルなフォトログ③

Special Lesson

Chapter 7

「今の自分」を見つめ、
心をととのえる習慣

おわりに

カバーデザイン:西垂水敦(krran)
本文デザイン・DTP:初見弘一
企画協力:株式会社ブックオリティ

Chapter **1**

写真を撮ると、
心がととのうのはなぜ?

今や、だれもが当たり前のように撮っている「写真」。写真は撮るのも見るのも楽しいですが、人が健やかに生きるための叡智の宝庫でもあることをご存知でしょうか。まずは、写真がもたらす効能にピントを合わせていきます。

1 写真は
「今、ここ」そのもの

　あなたがカメラのシャッターを切るのは、ふと心に留まった世界を見つけ、「この光景を忘れたくない！」と思った時ではないでしょうか？

「今、ここ」で出会った世界を、「今、ここ」にいる自分が写真で切り取る。
　写真を「撮る」ことを通じ、意識してか無意識かはともかく、自分が「今、この瞬間ここにいること」を実感できます。
　そして、その瞬間は過去のものになりますが、写真として「今、ここ」を切り取れば、その時の「今」をずっと残しておくことができます。
　写真を撮る時、あなたは過去や未来から解き放たれて「今、ここ」に集中することができるのです。

ここ数年、医療分野をはじめ科学的なメンタルトレーニングとして、瞑想で「今、ここ」に意識を向け、心をととのえる「マインドフルネス」の実践が広まりつつあります。

　じつは、「写真を撮る」ことも「今、ここ」に意識を向け、マインドフルネスを実感するトレーニングになり得るのです。

「写真ならいつも撮っているけれど、それがメンタルに効くなんて考えたことがない」という人も多いかもしれません。

　でも、写真を撮ると心がおだやかになったりととのったりするというのは、科学的にも証明されているのです。本書では、多くの研究結果をもとに写真を活用したマインドフルネスのトレーニングについてご紹介していきます。

「マインドフルネス」は、「良い・悪いなどの価値判断をすることなく、今、この瞬間に意識を向けているマインドフルな心の状態」を意味します。写真の撮影を活用してマインドフルネスを目指す活動を紹介します。

　ペンシルバニア大学病院アブラムソンがんセ

ンターで2010年以降実施されている「ウォークアバウト」[*1]というプログラムは、マインドフルネス・ベイスド・アートセラピー（Mindfulness-Based Art Therapy：MBAT）という、マインドフルネスと創造性を体験するための活動です。

　具体的には、病院の近くで感じたままに写真を撮り、その写真を使ってコラージュ制作をするものです。参加者の1人は街灯の炎を見て、「命の長さや、何があっても人生は続くという希望を感じた」などとコメントしました。

　このプログラムを8週間実施した結果、うつ病、感情的幸福感、ストレス対処力への理解度などにおいて改善が報告されています[*2]。また、身体的・精神的な苦痛をやわらげるための精神療法やリハビリテーションの選択肢の1つとして、写真を活用したマインドフルネスの効果が実証され、臨床分野でもその効果が期待されています。

　この取り組みのように、写真がもたらすマインドフルネスの効果に気づいた私を含めた研究者が、幸福感や心理改善を目的に、エビデンス（科学的な根拠・裏づけ）にもとづいたプログ

ラムを開発・検証しています[*3-6]。

　私が「フォトセラピー」と称して、写真による自己肯定、心身の健康回復、自己成長といった効果を発表した2004年から20年あまりの歳月が流れました。当時はまだフィルムが主流で、撮って、現像して、プリントしてやっと写真を見ることができました。フィルムでは、撮った瞬間の「今、ここ」から、現像して写真になるまでのタイムラグが、心理療法としては大きなネックとなっていたのです。

　それから時を経て、カメラはデジタルになり、携帯電話に搭載され、スマホをだれもが持ち歩くようになり、写真がより身近なものになりました。

　スマホが普及した今、大きなカメラをわざわざ持ち歩かなくとも、「撮りたい」と思った時に、「今、ここ」を写真で撮ることができるようになりました。「今、ここ」で撮った写真を「今、ここ」で見られるようになったことは、フィルム時代から写真を撮っていた私にとって何よりもすごいことです。

2 鏡を見るように、写真で自分を見る

あなたは自分のことをどれだけ知っていますか?

ほかの人なら、良いところも悪いところもよくわかるのに、自分のこととなると、「私は何なのか」「どうしたいのか」と自分を見失い、自分探しに明け暮れたことはありませんか?

私たちは自分自身の顔を直接見ることができないゆえに、感情を表している表情も自分で確かめられません。この体の構造からも、「自分が今どのように感じているのか、なかなかわからない」のは無理のないことかもしれません。

私たちは、鏡や写真に映し出された像を客体として見て、客観的に「これが自分だ」と認識しています。

とはいえ、姿形として自分を見る場合、そこに映し出される自分は理想の姿ではないかもしれません。

　理想と現実のギャップを突きつけられる気がして、写真を撮られることを苦手に思う人もいます。子どものころに心ない言葉で容姿をけなされたことが忘れられず、「どうせ自分は」「自分なんて」と、写真を撮られるのが苦手な人も多いようです。

　これは、ほかの人からの言葉によってネガティブな思い込みが生まれ、自らに対する認識がゆがんでしまっている状態です。つまり、何らかのきっかけによって「自分の像を良く思わない」という自己イメージをつくり出しているのです。

　写真を指導していると、かたくなに「写真に写りたくない」と言う方が時々います。

　過去に自分の容姿に対して浴びせられた、ネガティブな言葉や経験はとてもパワフルで、くさびのように心に深く刺さったまま、当人の記憶に残ってしまいます。でも、客観的にその方を見ると、とても魅力的で素敵なのです。

私はある時、多くの人が過去のとらえ方で
「今、ここ」の自分自身を苦しめていることに
気がつきました。過去（容姿に対する否定）を、
「今、ここ」で起こっている現実のように鮮明
に蘇らせ、「自分の容姿はだめだ」と思い込み
続けて自己イメージをゆがませているのです。

　いつまでも過去に浴びせられた言葉にとらわ
れていたら、自分の成長も未来の可能性も何も
かもを自分でせばめてしまいます。

　過去は、過去です。
　文字通り、過ぎ去ったのです。

「今、ここ」の自分がネガティブな自己イメー
ジを持ち続けていくなら、未来もネガティブな
自分のままでいることになるかもしれません。
どんな自分でありたいか、それを決めて行動す
るのはあなたです。

　写真に写された自分を否定せず、ありのまま
に見ることは、勇気がいるかもしれません。
　まずは、鏡のなかの自分を見てみてください。

自分にしか見せない、心を開いたありのままの自分がそこにいるはずです。

　ありのままの自分を鏡で見ることは、自己認識を深めます。鏡のなかの自分に微笑んでみることも、自己肯定感を高める一助となります。自分自身に対するやさしさと愛情を笑顔で表現するように心がければ、自己受容を深め、自己イメージをポジティブに保つことができます。

　笑顔をつくると、自分自身の心拍数やストレスが緩和し、ポジティブ感情も維持され、笑顔の人を見たまわりの人たちも幸せにすることが、心理学の研究でも報告されています[*7]。

　鏡のなかの自分にやさしく微笑みかけるように、写真を撮られる時も、カメラに向かって微笑んでみましょう。ポジティブな自己イメージを持つ第一歩を踏み出してみませんか。

3 写真は、自分がそこに
生きていた証

　10年前の8月1日、どこで何をしていたか
覚えていますか？　そんな昔のことは、なかな
か思い出せないかもしれませんね。
　では、「3日前の夕食は何を食べましたか？」
と聞かれたらどうでしょう？　それさえも思い
出せないかもしれません（記憶だけを頼りにす
るなら、私も思い出せる自信はありません）。

　怒ったり泣いたり笑ったりと、感情が動いた
出来事は比較的覚えているものの、よほど衝撃
的な出来事ではない限り、いつ、どんなことが
あったのか、明確に覚えている人はそう多くは
ないでしょう。
　私たちの記憶というものは頼りないもので、
忘れたくない大切な思い出さえも、月日ととも
に薄れて曖昧になっていきます。

記憶や思い出といえば、2011年3月11日に起こった東日本大震災の時、津波で家屋を流された多くの方々が真っ先に探したものは何かご存知ですか？

　それは、家族との写真のアルバムでした。

　自分が生まれた時の家族の笑顔や、運動会や結婚式といった特別な行事、または日々の何気ないスナップ写真が収められた家族のアルバムは、それぞれの家族の歴史や記憶が詰まっています。ページを開けば、写真のなかにタイムスリップできます。

　突然に起こった津波で身のまわりのすべてを失ったことにより、記憶を呼び起こす写真の尊さを人々に再認識させた出来事です。

　決して忘れたくない記憶や、さりげない人生の出来事を、写真は映像として記録します。

　同時に写真は、その時そこに自分が生きていた証でもあります。写真は、自分の存在証明そのものです。

　自分がそこに存在していたことを、写真で残すことができるのです。

　自己の存在とつながりの深い写真の効能を心

理療法に活用することは、1960年代からアメリカやカナダを中心に、ワイザー、エンティンらをはじめとした心理学者によって盛んに研究されるようになりました[8-11]。

　写真や家族アルバムは、家族の関係性が視覚化されたものです。それらを見ると、自分と家族の距離、価値観などを客観的に再確認することができます[12-14]。

　写真を活用した心理療法は、現在も欧米で行なわれていて、自己認識、自己理解、アイデンティティの確立、自己イメージの改善や自尊感情の向上などが報告されています[15-18]。

　写真は自分の姿形を鏡のように写し出しますが、それはただの「画像」ではありません。そこには、撮った人の、その時の気持ちも写し出されているのです。

4 写真は、自分の世界を
ありのままに写している

あなたは、どんな時に写真を撮りたいと思いますか？

楽しい出来事があった時に思い出として、旅行をした時の記録として、などでしょうか。撮った写真には、あなたが出会い、残したいと思った何かが切り取られています。あなたは世界からその場面を、その瞬間を残すことを、自分で選んだのです。

あなたの眼差しは、写真によって表現され、切り取られているのです。写真は、あなたの世界の見方そのものです。

フランスの精神科医であり精神分析家のティスロンは、「すべての写真は、カメラのレンズの前にある具体的な事物の証明であると同時

に、それを撮った人の心情や感情の表現でもある」としました[*19]。

　つまり、写真を撮る時、人は自分の感情や経験、自分独自のものの見方や感じ方にもとづいて、主観的にシャッターを切っています。これが写真のおもしろいところです。

　私はこれまで多くの人に写真の撮り方を指導してきて、ワークショップやプログラムを通じて同じ場所で撮影をしても、どれもちがった写真になることを発見しました。

　何に注目するかも、対象をどのように撮影するのかも、人によってまったくちがいます。それぞれの眼差しは、その人の個性そのものです。みんな、その人にしかないオリジナリティを持っています。私がこの本でみなさんに伝えたいのは、まさにこのことです。

　みんなそれぞれ姿形がちがうように、私たちの個性は千差万別。あなたの眼差しを通して撮った写真は、あなたにしかないオリジナルな1枚です。その写真には、自分を知るためのヒントがたくさん詰まっています。

そして、もう1つ伝えたいのは、ほかと比べて相対的に写真を見るのではなく、ほかの何物とも比べない絶対的な写真の見方をしてほしいということです。自分を知るために撮る写真は、上手下手とか良し悪しといった評価判断の対象ではありません。

　そうは言っても、自分の写真に対して、
「もう少し、こう撮れば良かったのに」
「やっぱり私には才能がない」
「こんなに斜めになって、構図が悪い」

　など、自分の顔を見る時と同様に、みなさん撮った写真に対してきびしい見方をしてしまう傾向があります。

　もし、あなたが「自分を知りたい」「自分らしく生きたい」「心をととのえたい」と思うのなら、まずは自分の写真に対してきびしく評価をする見方を捨ててください。

　自分の主観で撮った写真を、ありのままに客観的に観てください。そうすれば、あなたは自分らしさに気づくはずです。

5

「想い」と「行動」が
結びつくと写真になる

　自分の望みや想いを実現できていますか？
「だれかが望む自分」や「だれかが決めた自分」、あるいは「だれかの期待に応えようとする自分」、そんな他者ありきの自分になっていませんか？

　人は不本意な行動をとると、どこかに不安や違和感があり、満足した気持ちになれません。
　反対に、自分の価値観にもとづいて偽りのない「ありのまま」に行動していると、心は安定します。これは心理学で「自己一致」といい、感情、思考、行動が統一された状態を表し、幸福感が高まることが多くの研究で報告されています[20-23]。

　写真には、自分の今ある状態の通りに「ある

がまま」が投影されます。どのように写真を撮っているかを思い出してみてください。

　写真を撮ることは、いわば心にある感情や気持ちをモチーフとして、目の前に広がる世界をカメラで切り取る行為です。

　もう少しちがう言い方をすると、写真はあなた自身が「この瞬間を残したい！」と望み、シャッターを切る行為です。これは、「自己一致」と同じだと思いませんか？

　世界から切り取られた映像である「写真」は、あなたが望んだ行為の結果なのです。つまり、写真はあなたの想いが視覚化されたものといえます。

　精神科の入院患者さんたちに、治療の一環として写真による気分改善プログラムを実施した時の話をご紹介します。

　すでに何年も入院されている統合失調症の患者さんたちのなかには、写真をはじめて撮る方や、自分の写真を絶対に撮られたくない方、宇宙と交信される方など、個性的な方々がいました。プログラムでは、みんなでカメラを持って病院のまわりを散歩しながら写真を撮り、病院

に戻って撮った写真をプロジェクターで投影しながら、好きな写真とその理由を話してもらいました。

　毎週1回のプログラムを行ない、その月の最後の回は、撮った写真をもとに、雑誌などの写真や切り抜きも使って、「自分が行きたいところに旅をする」というテーマで、自由に切り貼りするコラージュ作品をつくりました。

　カメラを持って被写体を探すみなさんの表情は、生き生きと輝いていました。参加者同士でポートレートを撮り合うなかで、「この笑顔いいね」と言われた方が、「私に笑顔なんてあったんだ。何年ぶりに自分の顔を見ただろう」とうれしそうに話すこともありました。

　最初は「自分を撮られるのは絶対にいやだ」と言っていた方も、回を重ねるうちに満面の笑みで写真に写るようになるなど、みなさんが明るく元気になっていく様子に、私は毎回胸が熱くなりました。

　プログラムに参加した方々に感想を聞くと、驚くことに多くの方が、毎回「とても満足した」とコメントしました。

　きっと写真を撮っているうちに、だれに気兼

ねすることもなく、自分の好きなものを自分の好きなように（自分の感情や考えで）、被写体を探してシャッターを切る（行動する）ことができたからでしょう。

　写真を撮ることを通して、自分の望むように自分が行動していくことができます。
　たとえ今のあなたが不本意な状況にあるとしても、「自分がどうなりたいのか」「何をしたいのか」がわからずに自分を見失いそうになっていても、その答えのヒントはあなたが撮った写真にあるのです。

6 　自由に被写体を選んで
撮れば、心が元気になる

「これをしなさい」と言われると、何だか窮屈な気持ちになりませんか？

一方で、行動する前から、「自分には無理」「どうせうまくいかない」とあきらめ、あとで「なぜ行動を起こさなかったのだろう」と後悔することはありませんか？

だれかに制限されるのと同様に、自分でも自分を制限してしまうことがあるでしょう。そんな不自由から解放され、「ああ楽しかった！」と思えるような生き方を実現する手段の1つが写真です。好きな被写体を好きなように楽しく撮ると、心と体が元気になるのです。

私は子どものころから自分のことがわからなくて、「自分」というものがないまま生きてい

ました。人の言葉や顔色が気になり、つらい気持ちになると身も心も消耗して何もできなくなってしまうタイプでした。

そんな私でも、写真を撮りはじめてから、「自分らしさ」というものが理解でき、それまでの自分が嘘のように、心身ともにどんどん元気になっていったのです。

そうした自分の実体験から、写真には人を元気にさせる何かがあると感じていました。

写真の効能を実感するための大きな要素が、「好きなものを好きなように撮る」ことです。

このことは、ポジティブ心理学分野の「自己決定理論（Self-Determination Theory：SDT）」でも裏づけられています[*24・25]。

これは、1985年にアメリカの心理学者デシとライアンが提唱する「動機づけ（モチベーション）理論」です。

彼らは「人のモチベーション」について次の2つに大別しています。1つは親、教師、上司などの指示や金銭的報酬など、行動の理由が自分の外側にある「外発的動機づけ（非自己決定）」、2つ目は、興味関心や自分の価値観など、

自分の内側にもとづいて自律的に行動する「内発的動機づけ（自己決定）」です[*26]。

この理論によると、後者の「内発的動機づけ」により自律性が高まることで、心身が健康になり、うつが改善し、主観的幸福感が高まります。反対に、自律性が低下すると、幸福感や自尊心の低下、うつや不安などのネガティブな心理作用があることがわかっています[*27]。

自分の想いをもとに写真を撮ることは、自分の興味関心にもとづいた、まさに「内発的動機づけ」による自己決定と言えるでしょう。

私はこの理論を仮説に、「写真の撮影時における心理改善に関する脳活動を調査するfMRI研究」を行ないました[*28]。

その結果、好きなものを楽しく撮影した参加者のうち、気分改善が見られた人たちは、右島皮質の脳活動が高いことがわかりました。驚くことに、この脳領域はマインドフルネスのトレーニングで活発に動いた脳領域と同じでした。

これらの研究から、自分の価値観にもとづい

て「写真」を撮ることで自律性が高まり、かつ「今、ここ」を実感していることが、心身にポジティブな効果を高めると言えます。

　さまざまな研究を通じて、自分の本当の気持ちや価値観にもとづいて行動することが、心の健康にとってもきわめて重要であることが、だんだんわかってきました。

7 撮り手の「想い」や
「自分らしさ」も写っている

「アイデンティティ」という言葉を聞いたこと
がありますか？

アイデンティティとは「自分らしさ」のこ
とです。少しちがう表現をすると、「自分はだ
れ？」「何者？」といった、自分が自分である
認識や、自分がどのような人物であるかの認識
とも言えます。アイデンティティの自覚を通じ
て、私たちは自分の価値や生きる意味を強く感
じています。

たとえば、
「私は○○大学を卒業しました」
「私は○○会社のトップセールスです」
「私は3人の子どもの母親です」
といったように、私たちは社会的な立場、能
力、役割など、複数のアイデンティティを持っ

て生きています。

このように、アイデンティティはほかとの比較で自覚されるという相対的な側面もあります。クラスメイトが自分よりも優秀な成績をとって凹んでしまうなど、自分の存在価値を他者からの評価と結びつけて、ネガティブな方向に心が揺れ動いてしまうこともそうです。あるいは、他者からの評価が見出せずに、自分は価値のない存在だと思ってしまうこともあります。

アイデンティティ喪失の自覚は、心のなかの葛藤だけに限りません。会社を辞めてトップセールスではなくなったり、離婚して帰るところがなくなったりして、自分が拠り所にしていた所属や役割がなくなる場合など、さまざまなケースがあります。

アイデンティティは自分の存在価値を意味づけるものであるために、所属や役割にだけ自分の価値があると思い込み、それが見出せないと、不安定な心理状態になってしまうのです[*29・30]。

あなたの存在価値は、他者の評価で決まるの
でしょうか？　もしそうなら、あなたはだれか
のために存在しているのでしょうか？　他者の
評価基準や価値観は、その日の気分や都合で変
わるかもしれません。そこに自分の存在価値を
求めても、安心はできません。

　では、「本当の自分らしさ」とは何でしょう？
　それは、社会的な立場や役割ではないところ
にある「自分らしさ」のことです。「自分らし
さ」は、あなた自身のなかにあります。
　自分の価値にもとづいてシャッターを切った
写真には、自分の想いが込められています。そ
の１枚は、この世でたったひとりのあなたが
撮った、あなただけの唯一無二の写真です。

「写真を撮る」行為は、時に自分自身との対話
にもなります。それは一瞬一瞬の現実をとら
え、その瞬間に何を感じ、考えていたのかを映
し出す鏡のようなものです[*31]。

　もし、あなたが自分のアイデンティティを見
失い、どこに向かっていいのかわからないと感

じていたら、心のなかで自分の「帰る場所」を探し求めているのかもしれません。

アイデンティティとは「自分らしさ」と言いましたが、心のなかにある、自分自身と向き合い、自己を受け入れることができる居場所のことでもあるのです[32]。

あなたの撮った写真の1つひとつが、その「帰る場所」への手がかりとなるかもしれません。それぞれの写真があなたの感じた感情、考えたことを写し出し、それらすべてがあなたらしさを形づくっています。

自分の撮った写真を通じて心の声に耳を傾け、自分が何を感じているのか、何を本当に望んでいるのかを理解しましょう。そのなかに、あなたのアイデンティティ、あなたが帰るべき場所が存在します。

8 写真は「もうひとりの自分」とのコミュニケーション

　あなたの最大の理解者はだれですか？
　その人はいつもあなたの味方ですか？
　あなたといつも一緒で、最後までともにいて
くれる人はいますか？

　これらをすべて満たしてくれる人がいます。
　いちばんそばにいる、あなた自身です。

　もしも、いちばんそばにいる自分が「敵」
だったらどうでしょう。いつも批判的で理解を
示さず、あなたを嫌っている人がそばにいたと
したら、不安や迷いはどんどん大きくなり、何
だか疲れてしまうのではないでしょうか。

　写真を撮ったり観たり、言葉にしたりする過
程で、自分との対話が生まれます（本書では、

「しっかり観察してみる」という意味で写真を「観る」という漢字を用いています）。写真を通して自分の気持ちを受け取ることは、自分の心との大切なコミュニケーションなのです。

　自分の気持ちに対して、もうひとりの自分が「そのように感じたんだね」と客観的に受けとめる方法は科学的にも研究されており、私は精神科医の河野和良先生から教えを得ました。
　さらに、そのもととなるのは、アメリカの心理学者フラベルによって1970年代後半に提唱された「メタ認知」[*33-35]の考え方です。

「メタ認知」とは、自分の考えていることや感じていることなどを、第三者の客観的な視点から俯瞰して見るように認識することです。
　写真を撮ったり、観たり、言葉にしたりすると、「メタ認知」として自分の状態をモニタリング（観察）できます。また、認知的なゆがみや偏りに自分自身で気づき、コントロールできるようになります。
「メタ認知」の能力を高める方法の1つとして「今、この瞬間」を自分のありのままに受けと

めるマインドフルネスが注目されています。そのような視点からも、写真はマインドフルに「今、ここ」に意識を向ける最適なツールといえるのです。

　写真を通して、自分のことを客観的に見られるようになると、今自分が感じていることや、自分のものの見方や考え方もわかってきます。つまり、自分自身をより深く知っていくことができます。

　自分の気持ちを客観的に理解し、共感し、寄り添うことができれば、自分が自分の最高の理解者となり、信頼できる味方として最後までそばにいてくれる存在となります。

　そして、自分とのコミュニケーションを通して、他者とも良好な人間関係を築いていけます。ひとりでいても、さびしく悲しい孤独ではなく、自分といういちばんの理解者とともに、自分らしさを楽しみ、孤独すら愛する生き方ができるようになるのです。

9 「今、ここ」にピントが 合うと、心がととのう

　以前は、一眼レフのフィルムカメラで撮る場合、自分でピント（焦点）を合わせることが主流でした。今は「いいね！」と思ってカメラを被写体に向ければ、カメラがピントを自動で合わせてくれるので、心と直結してすぐにシャッターを切ることができるようになりました。

　そのため、何をどのように見ているか、何が望みなのかは、あなたがピントを合わせたものを見ればわかります。

「ピント」という言葉には、「意識して関心や注意を集めたもの」という意味もあります。

　私たちの心にも、ピントを合わせる事柄によって感情が湧きあがる仕組みがあります。つまり、ピントを合わせた対象によって、私たちの心の動き方が変化するのです。

感情はポジティブとネガティブの２種類に大きく分けられます。ただし、感情自体に良い悪いはなく、それぞれに性質があります[* 36-39]。

　たとえば、人に褒められたりラッキーなことがあったりすると、うれしくてポジティブな感情が湧いてきます。心地良い「快」の気持ちを心理学で「ポジティブ感情」といい、人を元気にさせる性質があります。

　反対に、人にいやなことを言われたり、理不尽なことがあったりすると、不安や怒りなどの感情が湧いてきます。心理学では「ネガティブ感情」といい、人を「不快」にさせる性質です。

　人が生きていくうえでは、ポジティブ感情とネガティブ感情のどちらも大切です。ポジティブ感情については想像しやすいかもしれませんが、ネガティブ感情があるおかげで、たとえば危険の恐れがあると恐怖や不安を感じることによって、それを避けられます。

　また、ネガティブ感情は自分がマイナス状態にあることに気づくＳＯＳのサインにもなるでしょう。ただし、マイナス状態が続くと、体調不良やうつ症状を引き起こす可能性が高まります[* 40・41]。

これを改善するためのトレーニングとして、異なる事柄に注意を向け、気持ちを切り替える「アテンション（注意）コントロール」が有効であることがわかってきています[42・43]。

マインドフルネスは、注意を向けるトレーニングに有効性が確認され、実際に多くの人が、うつ症状の改善を経験しています[44・45]。

マインドフルネスのトレーニングとして、写真が有効であることは先述した通りですが、そこには「どんな感情に（注意を向けて）心のピントを合わせるか」が1つのカギとなります。

私たちの心は、興味のあることにピントを合わせます。好きなものを好きなように撮ると、心も体も元気になっていきます。ポジティブなことにピントを合わせると、ポジティブ感情が高まり、その性質の恩恵を受けられるからです。

感情には、今の自分がどんな状態であるかを、快・不快で感じる主観的な側面があります。

あるがまま（今ある状態の通り）に、「今、ここ」にピントを合わせて写真を撮ると、今の自分の心の状態がわかります。

快と不快の真んなかにいるのが、本来の自分

です。「中庸」という言葉が意味するように、調和がとれている状態です。

　今の自分の心の状態を知り、快と不快の真んなかに自分の心を持っていくことで、本来の自分らしい状態に戻れるのです。

「自分らしい状態」は、いわば「心がととのった状態」です。写真で「自分らしさを知り、心をととのえる方法」を、これから一緒に実践していきましょう。

参考文献

〈Chapter 1-1〉

＊ 1 Peterson, C. (2015). "Walkabout: Looking in, looking out": A mindfulness-based art therapy program. Art Therapy, 32(2), 78-82.

＊ 2 Meghani, S. H., Peterson, C., Kaiser, D. H., Rhodes, J., Rao, H., Chittams, J., & Chatterjee, A. (2018). A pilot study of a mindfulness-based art therapy intervention in outpatients with cancer. American Journal of Hospice and Palliative Medicine®, 35(9), 1195-1200.

＊ 3 Ishihara, M., Saito, T., Sakurai, T., Shimada, H., & Arai, H. (2018). Effect of a positive photo appreciation program on depressive mood in older adults: a pilot randomized controlled trial. International journal of environmental research and public health, 15(7), 1472.

＊ 4 Ishihara, M., Saito, T., Sakurai, T., Osawa, A., Ueda, I., Kamiya, M., & Arai, H. (2019). Development of the Positive Photo Appreciation for Dementia program for people with mild cognitive impairment and early-stage Alzheimer's disease: A feasibility study. Geriatrics & Gerontology International, 19(10), 1064-1066.

＊ 5 Ishihara, M., Saito, T., Sakurai, T., & Arai, H. (2021). Sustained mood improvement by the positive photo appreciation program in older adults. International Journal of Geriatric Psychiatry, 36(6), 970-971.

＊ 6 Lal, S., Jarus, T., & Suto, M. J. (2012). A scoping review of the photovoice method: Implications for occupational therapy research. Canadian Journal of Occupational Therapy, 79(3), 181-190.

〈Chapter 1-2〉

＊ 7 Kraft, T. L., & Pressman, S. D. (2012). Grin and bear it: The influence of manipulated facial expression on the stress response. Psychological science, 23(11), 1372-1378.

〈Chapter 1-3〉

＊ 8 Cornelison, F. S., & Arsenian, J. (1960). A study of the response of psychotic patients to photographic self-image experience. Psychiatric Quarterly, 34, 1-8.

＊ 9 Weiser, J. (1975). PhotoTherapy: Photography as a verb. The BC Photographer, 2, 33-36.

＊ 10 Zakem, B. (1983). Phototherapy intervention: Developing a comprehensive system. Phototherapy in mental health, 201-210.

* 11 Krauss, D. A. (1980). The uses of still photography in counseling and therapy: Development of a training model.
* 12 Entin, A. D. (1979). The Use of Photography in Family Psychotherapy.
* 13 Weiser, J. (2018). Phototherapy techniques: Exploring the secrets of personal snapshots and family albums. Routledge.
* 14 Weiser, j. (2001). Phototherapy Techniques: Using clients' personal snapshots and family photos as counseling and therapy tools. Afterimage-Rochester, New York-, 29(3), 10-15.
* 15 Noland, C. M. (2006). Auto-photography as research practice: identity and self-esteem research. Journal of research Practice, 2(1), M1.
* 16 Kim, S. J., & Cho, G. S. (2017). Effect of a Group Counseling Program With Phototherapy on Enhancing the Self-Perception and Self-Esteem of Female Middle School Students. Korean Journal of Child Studies, 38(2), 177-190.
* 17 大石千歳 . (2012). 若者の自己発見・自己表現としての「持ち寄り写真投影法」―各撮影テーマにおける多次元的アイデンティティの表現方法の比較検討―. 紀要 , 47, 13-25.
* 18 Choi, G. Y., & Behm-Morawitz, E. (2018). Teach me about yourself (ie): Exploring selfie-takers' technology usage and digital literacy skills. Psychology of Popular Media Culture, 7(3), 345.

〈Chapter 1-4〉

* 19 セルジュ・ティスロン / 青山勝訳 . (2001,2007). 明るい部屋の謎― 写真と無意識― . 人文書院

〈Chapter 1-5〉

* 20 Sheldon, K. M., & Elliot, A. J. (1999). Goal striving, need satisfaction, and longitudinal well-being: the self-concordance model. Journal of personality and social psychology, 76(3), 482.
* 21 Sheldon, K. M., & Houser-Marko, L. (2001). Self-concordance, goal attainment, and the pursuit of happiness: Can there be an upward spiral?. Journal of personality and social psychology, 80(1), 152.
* 22 Kelly, R. E., Mansell, W., & Wood, A. M. (2015). Goal conflict and well-being: A review and hierarchical model of goal conflict, ambivalence, self-discrepancy and self-concordance. Personality and Individual Differences, 85, 212-229.
* 23 Sheldon, K., Gordeeva, T., Sychev, O., Osin, E., & Titova, L. (2020). Self-concordant goals breed goal-optimism and thus well-being. Current Psychology, 1-9.

〈Chapter 1-6〉

* 24 Deci, E. L., & Ryan, R. M. (1985). The general causality orientations scale: Self-determination in personality. Journal of research in personality, 19(2), 109-134.

* 25 Deci, E. L., & Ryan, R. M. (2000). The" what" and" why" of goal pursuits: Human needs and the self-determination of behavior. Psychological inquiry, 11(4), 227-268.

* 26 Ryan, R. M., & Deci, E. L. (2000). Self-determination theory and the facilitation of intrinsic motivation, social development, and well-being. American psychologist, 55(1), 68.

* 27 Deci, E. L., & Ryan, R. M. (2008). Self-determination theory: A macrotheory of human motivation, development, and health. Canadian psychology/Psychologie canadienne, 49(3), 182.

* 28 石原眞澄 . (2014). 写真撮影の心理的効果に関する fMRI 研究 (Doctoral dissertation, 東北大学大学院医学系研究科博士論文).

〈Chapter 1-7〉

* 29 Erikson, E.H. 1959. Psychological Issues: Identity and the Life Cycle. International Universities Press, Inc. (西平直・中島由恵 , 訳. アイデンティティとライフサイクル（2011). 誠信書房. ;（小此木啓吾訳編. 自我同一性―アイデンティティとライフ・サイクル（1973）誠信書房.）

* 30 Erikson, E. H. (1970). Autobiographic notes on the identity crisis. Daedalus, 730-759.

* 31 Van Dijck, J. (2008). Digital photography: Communication, identity, memory. Visual communication, 7(1), 57-76.

* 32 小沢一仁 . (2003). 居場所を得ることから自らのアイデンティティをもつこと . 東京工芸大学工学部紀要 . 人文・社会編 , 26(2), 64-75.

〈Chapter 1-8〉

* 33 Flavell, J. H. (1978). Metacognitive development. Structural/process theories of complex human behavior, 213-245.

* 34 Flavell, J. H. (1979). Metacognition and cognitive monitoring: A new area of cognitive—developmental inquiry. American psychologist, 34(10), 906.

* 35 Flavell, J. H. (1981). Monitoring social cognitive enterprises: Something else that may develop in the area of social cognition. Social cognitive development: Frontiers and possible futures, 11, 272-287.

〈Chapter 1-9〉

* 36 Fredrickson, B. L. (1998). What good are positive emotions?. Review of general psychology, 2(3), 300-319.

* 37 Seligman, M. E., & Csikszentmihalyi, M. (2000). Positive psychology: An introduction. American Psychologist, (Vol. 55, No. 1, p. 5-14).

* 38 Seligman, M. E. (2002). Positive psychology, positive prevention, and positive therapy. Handbook of positive psychology, (2002), 3-7.

* 39 Fredrickson, B. L. (2001). The role of positive emotions in positive psychology: The broaden-and-build theory of positive emotions. American psychologist, 56(3), 218.

* 40 Herff, S. A., Dorsheimer, I., Dahmen, B., & Prince, J. B. (2022). Information processing biases: The effects of negative emotional symptoms on sampling pleasant and unpleasant information. Journal of Experimental Psychology: Applied.

* 41 Frasure-Smith, N., Lespérance, F., & Talajic, M. (1995). The impact of negative emotions on prognosis following myocardial infarction: is it more than depression?. Health psychology, 14(5), 388.

* 42 Martin, R. C., & Dahlen, E. R. (2005). Cognitive emotion regulation in the prediction of depression, anxiety, stress, and anger. Personality and individual differences, 39(7), 1249-1260.

* 43 Teasdale, J. D., Segal, Z., & Williams, J. M. G. (1995). How does cognitive therapy prevent depressive relapse and why should attentional control (mindfulness) training help?. Behaviour Research and therapy, 33(1), 25-39.

* 44 Chambers, R., Lo, B. C. Y., & Allen, N. B. (2008). The impact of intensive mindfulness training on attentional control, cognitive style, and affect. Cognitive therapy and research, 32, 303-322.

* 45 Hoge, E. A., Bui, E., Marques, L., Metcalf, C. A., Morris, L. K., Robinaugh, D. J., ... & Simon, N. M. (2013). Randomized controlled trial of mindfulness meditation for generalized anxiety disorder: effects on anxiety and stress reactivity. The Journal of clinical psychiatry, 74(8), 786-792.

Chapter 2

「撮るマインドフルネス」で、
見方や感じ方が磨かれる

マインドフルに心をととのえる方法やゴールについて解説をしていきます。まず全体のプロセスのイメージをつかんでおくと、より実践しやすくなります。

1 さっそく撮ってみよう

▍上手に撮ろうと思わない

　写真を上手に撮ろうと思ったら、まず構図に
こだわりたくなるかもしれません。

　たしかに、構図にこだわれば、雑誌の１ペー
ジのようなきれいな写真が撮れるでしょう。

　ただし、マインドフルネスの効果をもたらす
写真の撮り方では、構図はまったく関係ありま
せん。

　構図を決めて撮る場合、自分の気持ちよりも
「どうやって撮ったら、すてきな構図になるか
な？」と考えながら撮ってしまうからです。

　マインドフルネスの効果をもたらす写真を撮
る目的は、上手に撮るためでも、人に見せるた
めでもありません。

その時の自分自身を知るために撮るのです。

　写真教室などでは、指導者の価値観で評価される場合が多いと聞きます。「もっとこのアングルで撮ったほうがいい」とか「君はこの対象を撮ったらいい」などと指導されると、「先生がそう言うのなら、それが正しいかもしれない」と思ってしまうのではないでしょうか。

　ただし、指導者はあくまでも自身の価値観で指導している場合がほとんどです。そして、その教室に通っているうちに、だんだんと自分の価値観や自分らしさはどこかに置いて、指導者が気に入る写真を撮るようになる人もいます。

　ほかの人の評価を意識してしまうと、写真を通して自分らしさはなかなか見つけられないかもしれません。

カメラを使って「今、ここ」を意識する

　私たちは「今、ここ」にいても、ほかのいろいろなことに意識を向けています。

　学校の授業中を思い浮かべてみてください。集中して授業を聞いている時もあれば、「早くお昼の時間にならないかな」「今日のテレビが楽しみだな」などあれこれ考えたことは、だれでもあるのではないでしょうか。

　体はその場にいても意識はまったく関係ないことに向き、心がさまよっている状態を「マインドワンダリング」と呼びます。心理学者のスモールウッドと心理脳科学者のスクーラーが、それまで「課題無関連思考」や「刺激独立思考」、「ゾーンアウト」、「白昼夢」などと呼ばれてきたものを2006年に「マインドワンダリング」としてまとめた論文[1]を皮切りに、この研究は一気に進みました[2,3]。

　「マインドワンダリング」には、メリットとデメリットがあります。

何も考えずぼんやりしている時、たとえばシャワーを浴びている時や、トイレに入っている時に、ふとインスピレーションやアイデアが湧いた経験はありませんか？

　これは「マインドワンダリング」でひらめきが促進され、問題解決に結びついたのです。「マインドワンダリング」は創造性に役立つことが心理学の研究でも報告されています[3]。

　その反面、過去の後悔や未来への不安など、解決できないネガティブなことを無意識に何度も「マインドワンダリング」していると、何をしていても気がそぞろになる、という経験はないでしょうか。

　さらには、どんどん気分がネガティブになりながら、出口が見つからず体調が悪くなる、なんてこともあるかもしれません。

　これが「マインドワンダリング」のデメリットです。ストレスを悪化させ、うつ状態になるなど体調にまで影響を及ぼし[4-7]、不幸になりがちなことも報告されています[8]。

「マインドワンダリング」は、だれにでも日常のなかで起こりうる現象です。

では、「楽しいことに意識を向けていたら、ポジティブな効果が得られるの？」と思いましたか？

　ハーバード大学の心理学者キリングスワースとギルバートの研究では、不快なことや楽しいこと、中立的なことにほぼ関係なく、「現在」に意識を向けている時のほうが、幸福感が高いことが明らかになっています[*8]。

　過去や未来、さらに空想に意識が向いている「マインドワンダリング」の状態にいる時は、現実の「今、ここ」に自分がいません。

「『今、ここ』にいることをしっかり意識すれば幸福感が高まる」ということは、「マインドワンダリング」でさまよっている意識を「今、ここ」に切り替えるために、意識的に注意を向けるアテンションコントロールが必要なのです[*9]。

　目の前の「今、ここ」に注意を向けることで、ネガティブな「マインドワンダリング」によるうつの改善効果も「マインドフルネスのトレーニング」の成果の1つとして報告されています[*9-11]。

本書では、このようにマインドフルに「今、ここ」に意識を向けるために、カメラのシャッターを切る方法を紹介します。

　写真を撮る被写体を探すなかで「現在」に意識を向けることに集中する練習です。

「今、ここ」でシャッターを切ると、「意識」だけでなく身体感覚も加わり、より現在を「体験」することができます。

　１日１分でもいいので、「今、ここ」にいる自分に注意を向け、自分自身の気持ちや感覚をリフレッシュしてととのえていきましょう。

2 考えずに撮れば、
直感力が磨かれる

あなたは、よく考えてから行動しますか？
それとも、自分の直感に従いますか？

　根拠はないけれどそう感じるもの。瞬時にこ
うしたほうがいいと判断できたりするけれど、
「なぜか？」と聞かれたら説明できないもの。
それらが直感です。
　自分が追い詰められて、困って困ってもうだ
めだという状況の時などに、ふと、どこからと
もなく答えがストンと降りてきて、自分がより
良い方向へと導かれたという体験をしたことは
ありませんか？
　どんな場合でも直感は正しいとは言い切れま
せんが、アムステルダム大学の心理学者ドゥイ
ツェルらは、2006年に行なった実験で、複雑
な決定を直感的に行なうほうが、深く考えてか

ら決定を下すよりも優れた結果を生むことを発見しました。彼らはこれを「無意識的思考効果」と名づけ、直感の力を実証しました[*12]。

ただし、「当てずっぽう」と「直感」はちがいます。「自然主義的意思決定」の研究で知られる心理学者のクラインは、経験豊富な消防士や看護師などが、時間がない緊急の状況で直感的に正確な決定を下すことを示しています[*13]。

このように、直感は生まれてからこれまで積み重ねられてきた経験や学び、生き方などから生まれるものだと言われています。

一方、価値観や選択方法が、教育、常識、固定観念などたくさんの制約のなかにどっぷりと浸かっていた場合、せっかく直感が降りてきても、「そうできたら苦労はしない」などの考えが浮かんできて、なかなか直感を素直に受け取り実行することはできません。

私自身、昔は考え過ぎて動けないタイプでした。そんな私が、写真を撮るようになって直感力がどんどん磨かれ、今では、直感に従う生き方ができるようになりました。

自然のなかをゆったりと散歩するなど、リ

ラックスして何も考えず、ありのままの自分で
いる時に直感はやってきます*14。

　では、直感をもとに写真を撮るポイントを紹
介しましょう。

　カメラを持ち（スマホのカメラでも構いませ
ん）、自然のなかに身を置きます。思考するの
をやめて、「今、ここ」にいる自分の五感を通
して自然を感じてみましょう。
　そこにある何気ない草や花の色合いや新芽の
柔らかさを感じてみます。季節の匂いや鳥のさ
えずり、髪を揺らす風など、目で見ることはで
きないものも五感で感じてみるのです。

　自分の心の声にも耳を傾けてみます。自分の
心が何を感じているのかを受け取ります。

　ふだんは気づかないような小さな変化も見逃
さず、「今、ここ」を感じてみるのです。

「森の香りって気持ちいい」
「朝露はこんなにキラキラしてるんだ」

そうして心が動いたら、シャッターを切る。
　シャッターは、世界と自分をつなぐコミュニケーション・ツールなのです。

　自然のなかで、日常を忘れてリラックスし、気持ちがリフレッシュすることを、「心の洗濯」や「命の洗濯」ということもあるでしょう。
　まさに、自然のなかにいるだけで心が浄化され、自然の一部の自分に戻れることを、私たちは無意識に知っているのかもしれません。

　森や海に行く時間がなければ、ビルの間からでも空を見上げてみましょう。
「空って、こんなに青かったんだ」
と、目の前の自然を素直に感じてみてください。

「今、ここ」を心で感じて、何かを受け取った瞬間にシャッターを切る。そうして世界と自分がつながる感覚が身につくと、だんだんと直感を受け取りやすくなっていきます。

3 気になった1枚の写真を
直感で選ぶ

　自分が撮った写真をそのままカメラのなかに
撮りためていませんか？

　デジタルカメラやスマホは、データの容量に
よってはかなりたくさん撮りためられるので、
ついつい撮りっぱなしになっていることも多い
のではないでしょうか。

　SNSで写真の投稿をしている人は、写真を
選んでアップするので、撮った写真を見返すこ
ともあるかもしれません。しかし多くの人は、
過去の写真をあまり見返すこともなく、カメラ
のなかで眠らせています。

　これまでに撮った写真には、過去の記録とし
てだけでなく、撮った時の自分を知るヒントが
あるのです。先述したように、写真にはその時
の自分の想いも写っているからです。

写真を心の表現として、精神科医の中山康裕氏は青春期の心身症の治療に用いました。患者自身が自由に撮影した写真について話す「写真療法」を実施した結果、腹痛や頭痛などの症状が改善したのです[15]。

　また、1977年に社会心理学者のツィラーら[16]によって「あなたはだれ？」という質問に写真を使って答える手法が開発され、米国を中心に研究が行なわれてきました。このアプローチは「自叙写真（auto-photography）」[17]と呼ばれ、撮影者の自己に関連する内部的・心理的な世界を探求し、自己概念（自分自身についての認識）への理解を目的としています。この分野でも、ツィラーら[18-21]が多くの研究を行なってきました。

　たしかに、写真には目に見える物質のみが写りますが、そこから「感情」や「想い」も受け取ることができます。

　たとえば、人々が笑顔で集まる家族の写真を見ると、家族の絆や愛情を感じられます。同じように、孤独な風景の写真からは静寂や寂しさが感じられます。このように、写真は単に目に

見える物質だけではなく、それらが持つ「感情」
や「想い」を間接的に伝えるのです。

　心は目には見えないけれども、人が笑ったり
泣いたり怒ったりすれば、その空気感はたしか
に感じられます。写真も同じように、それを見
た人が目に見えないものを感じることができる
のです。
　つまり、どんな「想い」や「関わり」で撮ら
れたのかを、写真が伝えてくるのです。うれし
かったり感動したり寂しかったりと、写真から
は、その時の撮り手の感情が伝わってきます。

　写真に写っているものだけでなく、撮った人
の気持ちや心を意識的に見て、「これが好き」
「何となく気になる」「いいな」と思った写真を、
直感で選んでみましょう。

　考えるのではなく感じること。それが見えな
いものを受け取る第一歩です。

4 自分が選んだ写真を
観てみよう

　直感に従って思うがままに撮った写真を観て
みましょう。「構図が良い」とか「ブレている」
といった写真の出来映えは、いっさい考えなく
て大丈夫です。

　あなたが撮った写真をあなたのために観る時
は、「世間の常識」をいったん度外視します。
ここで観る写真は、あなたの心がどう感じてい
るかを知るための価値あるリソース（資源）だ
からです。

「表現アートセラピー（Expressive Arts
Therapy)[22]」の発案者である心理学者のナタ
リー・ロジャーズは、「非言語によるアート表
現（写真も含む）は、より自由なアート表現を
促進し、さらに自分の気持ちを自由に表現す

る」ととらえ、クリエイティブ・コネクション（Creative Connection:創造的なつながり）*22という独自のアプローチを開発しました。このアプローチによって、それぞれの人が創造的な表現を通じて自己理解を深め、感情を表現し、問題を解決するための新たな視点を見つけやすくなります。さらに、彼女は自己表現と創造性が、自己理解、成長、治癒に深く関わっていることを示し、創造的な表現が、無意識と顕在意識をつなげ、心の深層を探求するツールであることも強調しています。

　この「表現アートセラピー」の哲学は、私が長年実施してきた写真プログラムの基本となっています。写真を撮ることを通した自己発見・自己確信では、自分の気持ちを自由に探究できるよう、評価・判断・分析を行なわない安全な環境づくりを最も大切にしています。

　私たちは長年、さまざまな評価や比較のなかで生きてきています。学校の美術の時間に自由に絵を描いても、成績表では相対的な評価で示され、それを優劣として受け取ってしまいます。

このような経験から、多くの人は「自分は絵が苦手」「芸術のことはわからない」「私にはうまく表現できない」という気持ちを持っています。苦手意識は、自分の可能性をせばめてしまうだけです。

　ナタリー・ロジャースが提唱するように、表現の意義は、1人ひとりが自由に表現することで、心を開放し、自分らしさを知ることです。
　まずは、自分が見た世界を、写真を通して感じてみてください。それは、否定も評価も比較もされない、自分だけの空間です。だれにも遠慮せず、写真に写し出された自分の気持ちに耳を傾けてください。
　写真を観て、「私はこう感じていたんだ」と、撮った時の気持ちを追体験してみましょう。

5 目に見えない想いや 気持ちを読み取る

　あなたには、安心できる環境がありますか？

　自分が撮った写真に評価や判断をせずに、マインドフルに自分の気持ちをとらえるためには、安心できる安全な環境が必要です。

　神経生理学者のポージェスが提唱する「ポリヴェーガル理論＊23-27」によれば、私たちの自律神経系は主に3つの状態（安全・危険・生命の危機）に応じて反応することがわかりました。これらの状態は、神経的にも身体的にも私たちに大きな影響を与えます。

　安心・安全な環境にいる時、身体はリラックスし、安定した心拍数や呼吸パターンを保ちます。さらに、他人とのコミュニケーションや接触を楽しむことができ、学習や創造性を発揮するために最善の状態にあります。

一方、危険や生命の危機を感じている状態では、私たちの身体は「戦うか逃げるか」のモードに入ります。これはストレス反応であり、心拍数や血圧が上昇し、筋肉が緊張します。この状態が続くと、さまざまな身体的・精神的問題を引き起こす可能性があります。

　安心・安全な環境にいることは、心身の健康を保つうえで非常に重要であり、これはポージェスによる理論の核心でもあります。

　自ら撮った写真を、安心・安全な場所で観るからこそ、自分のありのままの気持ちに気づくことができるのです。

　まずは、静かで落ち着ける場所を見つけ、写真を見る前に思考することをやめて、一度、マインドフルに呼吸してみてください。

　深く呼吸して落ち着いたあと、「写真を撮ったその時に私が感じていたこと」を、ありのままにとらえます。

6 写真を観て、
気づいたことを言葉にする

　写真を観て、自分の心が何を感じていたのか
に意識を向けていると、「あ、そんなふうに感
じていたんだ」と、ふと気づくことがあります。
　ただ、せっかく自分の心の声に気づいたとし
ても、家事や仕事などに追われていると、日々
の忙しさのなかで消えていってしまうかもしれ
ません。

　では、どうすれば自分の心の声を、記録して
残しておくことができるのでしょうか。

　私は、かねがね「気づき」は写真を現像する
「暗室作業の工程」と似ていると感じています。
暗室作業で、ネガを通して印画紙に一瞬光が当
たった時の感覚と重なるのです。
　たしかに像は写ったはずでも、その時点では

印画紙には何も描かれていません。ネガの画像に印画紙の感光材が反応して像が残る仕組みなので、暗い部屋で作業を行なう必要があります。そのため、この印画紙を持って明るい場所に行ったら、もう二度とそこに像は残りません。

　ネガからの光を通した像が印画紙に転写されたあと、次に行なうのは現像です。あらかじめ用意した現像液の入ったバット（容器）に、真っ白な印画紙を入れます。すると、ネガで焼きつけた像がスーッと印画紙に現れてきます。これが「そうそうこれだったね」と、気づきを思い出した時の感覚に似ているのです。この時点でも明るい場所に印画紙を持って行けば、像は消えてしまいます。

　次に行なう暗室での作業で、この像を印画紙に定着させるために、印画紙を定着液に入れます。これでやっと、明るい場所に持って行っても、像はしっかりと印画紙に焼きつく状態（プリント）になるのです。

　この印画紙に像をしっかりと焼きつける作業のように、写真を観た気づきをしっかりと自分

に定着させるために行なうのが「言葉にすること」です。

　言葉にならない想いも含めて写真を撮る。撮った写真から、撮った時の気持ちを感じて言葉にする。

　心の内にあるさまざまな感情を言葉にして表現すると、自分自身の思考や感情をはっきりと理解できるだけでなく、不明瞭だった気持ちもクリアになります。これは「カタルシス効果」あるいは「心の浄化作用」と呼ばれ、古代ギリシャの哲学者アリストテレスが提唱しました。「カタルシス」は本来、観客が劇を通じて感情を解放することを意味します。

　この考えは現代心理学でも活用され、特にオーストリアの心理学者・精神科医のフロイトとオーストリアの生理学者・内科医・精神科医のブロイアーは、言葉を通じた自己表現が感情の浄化や心の安定につながると提唱しました[28]。

　信頼している友人にモヤモヤする気持ちを話すだけで、楽になった経験はありませんか?

まさにカタルシス効果の一例です。

　本書のメソッドでは、この効果をひとりでも
体験できます。
　写真を撮って、観て、感じた気持ちを言葉に
する。そうすることで、自分の心のなかにある
見えない世界から感情が取り出されて、具体的
な言葉として表現されるのです。

7　写真からわかる想いや気持ちを書き留める

　心静かに落ち着ける場所で、写真を観ながらあるがままのあなたの気持ちを言葉にして、思いつくままに書いてみてください。

「文章を書くのは苦手」という方も、安心してください。撮った写真はだれかに見せるものではありません。写真自体を上手に撮る必要がないのと同じように、上手に言葉にする必要もありません。あなただけが知っている、あなた自身から生まれる心の声を、あなたのために書き留めましょう。

　たとえば、撮った写真を観て、こんな気持ちが浮かんでくるかもしれません。

「この瞬間がずっと続けばいいなって思った」
「怒っているみたいだけど、本当は悲しかった」

感情の言語化に関連した研究として、アメリカの哲学者・心理学者のジェンドリンは、「体験過程理論」[*29-31] を提唱しました。これは人間の心のなかにある「感情の流れ」に焦点を当てたもので、言葉での表現がむずかしい体験が、ある種のイメージやシンボルとして表現されるという考え方です。

　さらにジェンドリンは、「今、ここ」で感じている、まだ言葉になっていない感情に注意を向けることが大切だと述べています。この感情が言葉やシンボルに変換される過程を「象徴化」と呼び、「象徴化」で感じた意味が心理的な治癒につながると指摘しています。

　象徴化により、私たちがふだん意識しない無意識の部分が表面化し、自分自身の感情や心の状態について深く理解できるようになります。

　撮影時にはまだ言葉にならない感情が、無意識でも「ここ」と決めてシャッターを切った瞬間に実際の写真となります（象徴化）。

　さらに、その写真を振り返れば感情を追体験でき、その意味を意識することで自分の気持ちに気づくのです。

このようなプロセスで自分の本当の気持ちが
わかると、まず納得感と安心感が得られます。
自分の気持ちがわかると、納得と安心だけでな
く、自分の現在地が見えてきます。実際にどこ
かに出かけて迷った時も、現在地がわかればひ
と安心するのと同じです。

　この本でお伝えしている、写真を「撮る・観
る・言葉にする」ことで心がととのうというプ
ロセスは、このようなロジックからもご理解い
ただけるのではないでしょうか。
　言葉として見える化（可視化）すると、心に
ストンと自分の気持ちが入ってきます。それ
は、だれかに励まされたり説得されたりするよ
り、ずっと深く納得できるのです。

　「今、ここ」の自分と世界がつながった時に
シャッターを切る。世界から切り取られた写真
には、どのような気持ちが写るのでしょう。

8 書き留めた言葉から 「心の記録」を綴る

　写真に写った世界を通して、自分の気持ちを感じ、どんな言葉が浮かんできましたか？

　言葉を受け取ったら、日記を書くように自分の正直な気持ちを「心の記録」として綴ってみましょう。

　心の記録を書く時は、写真から受け取った気持ちをきっかけに、思っていることをそのまま書いてみましょう。自分勝手な気持ちも、怒りや喜びや悲しみも、だれにも遠慮せずに書いてみるのです。

　「思ったことを書く」ことに関連して、心理学者のカール・ロジャースは1951年に自己理論を提唱しました[*32]。この理論は、自分自身についての認識（自己概念）と経験の一致を目指すものです。理想の自分と現実の自分のギャッ

プが縮まった時に、人は偽りのない「ありのままの自分」を理解し受け入れます。これが、自分自身に矛盾や不一致がない構造に修正されていくために有用なのです。

　また、2000年にツィラーは、自分が撮った写真を使って自分の物語をつくる「フォトストーリー」という方法を提唱しました[*33]。「フォトストーリー」によって、自己理解を深め、人生に新たな意味を見つけ、自己を再創造する手助けになるのです。写真により自分の物語を顕在化させ、それが観察者としての自分との対話やコミュニケーションを通して、自己による自己のための心理療法となることを示しました。

　写真で気づいた自分の本心を言葉にすることで、滞っていた感情が解き放たれていきます。

　自分の写真を評価・判断・否定せず、好きなところを見つけ、感謝の気持ちを持つことができれば、「これじゃだめ」「もっとこうでなければ」「自分には何もできない……」というような理想と現実の葛藤状態から徐々に進化して、「こんな私もいいよね」「私もこんないいところ

があるんだ」と、自分への認識が徐々に再創造されていくのです。

　写真による心理療法の効能は、自分に対することだけではありません。写真は人に対する気持ちも改善や修復をすることができます。
　私たちは毎日さまざまな出来事に直面し、喜んだり怒ったり、傷つけたり傷つけられたりしながら、現実とともにそれぞれの心で描いた物語のなかで生きています。

「自分は父親に愛されていない」
　私は幼少期から大人になるまでずっと、このような心の物語を描いて生きていました。

　しかし数年前、父が亡くなった晩に、父が写る写真をすべて集めて、父が生まれてから亡くなるまでの1本の映像をつくりました。そこで1枚の写真を見つけた時、父の訃報を聞いてからはじめて涙があふれ出たのです。
　そこに写っていたのは、生まれたばかりの私を恐る恐るぎこちなく抱っこしながら、はにかんでうれしそうな父の姿でした。

その写真を見た時に、父なりに私に愛を注いでいたこと、私は父から愛されていたことを知りました。ずっと望んでいた「父から愛される」ことが写真を通して追体験できたおかげで、「私は愛されていない」という心の物語を終わらせることができたのです。

　どんな言葉よりも写真は雄弁です。そこに写るのはありのままの姿です。ありのままを写しているからこそ、言葉以上に写真は真実を物語っているのです。

9 「心の記録」を、 もうひとりの自分が読む

　いよいよ、あなたが自分自身のいちばんの理解者になる時です。

　自分が撮った写真を観て感じた気持ちを、今ある状態の通りにあるがままに言葉にして書き留めてみましょう。

　そのように心の記録を書いている時に、「だれかにこの気持ちを聞いてもらいたい」という気持ちも湧きあがってくるかもしれませんが、まず伝えるべき人は、あなた自身です。

　想いを文章にして書くことは、「もうひとりの自分」への呼びかけでもあります。

　「もうひとりの自分」とは、主観的な自分を客観的に観る自分のことです（これは先述した「メタ認知」とも呼ばれます）[* 34-36]。

自分の想いを読み取り、思いきり主観的に書き出した気持ちを、今度はだれかが書いた文章のように、客観的に見つめるのです。

　客観的に観るには、主観的に書いた直後ではなく、ひと晩以上おいて落ち着いた気持ちで読み直すことがポイントです。

　この時に、マインドフルに自分の気持ちをありのままに受け入れられたら、あなたは知らず知らずのうちに「自分を客観的に認知する力」を発揮しています。

　あるがままの自分自身への理解を深め、思いやりを持ってマインドフルに寄り添う気持ちで、自分の言葉を受けとめましょう。

　テキサス大学の心理学者ネフは、自分自身にコンパッション（思いやり）を向けることを「セルフコンパッション」として心理的な効果を提唱しています[* 37・38]。

　ネフは、愛する人への思いやりを自分にも向け、どんな時もあるがままの自分を受け入れることで、心の状態が保たれると言います。

　写真という、いわば「可視化された自分の気

持ち」に対して、

「そう感じているんだね」

「それは、つらかったね」

「だれが何と言っても、私はわかっているよ」

　などと、親しい友人のように、あるがままの気持ちを肯定して受け取りましょう。

　自分自身の気持ちをマインドフルに受容すると、それまで主観的に思っていたこと（たとえば自分を否定するような考え）も、すっと消えていくように感じられます。

　写真を撮って、観て、言葉にするプロセスは、マインドフルネスにもとづくセルフコンパッション（思いやり）のトレーニングになります。

　それを続けて、「自分ひとりで悲観的に考えるのではなく、だれもがみな苦しんでいる」といった「他者と共通の人間性」や、ありのままの自分への「やさしさや思いやり」を見出すことで、苦しみが緩和するのを感じるでしょう。

　さらに「今、ここ」にある事実をありのままの気持ちで受けとめることで、ストレスが軽減

され、幸福感や心の健康が促進されることも、研究からわかっています[*38・39]。

人生の逆境に直面した時も、あなたのいちばんの味方は「今、ここ」にいる自分自身です。

マインドフルに写真を撮る・観る・言葉にすることを毎日の習慣にすると、幸せに満ち、充実した毎日にすることができるのです。

参 考 文 献

〈Chapter2-1〉

* 1 Smallwood, J., & Schooler, J. W. (2006). The restless mind. Psychological bulletin, 132(6), 946.

* 2 Callard, F., Smallwood, J., Golchert, J., & Margulies, D. S. (2013). The era of the wandering mind? Twenty-first century research on self-generated mental activity. Frontiers in psychology, 4, 891.

* 3 山岡明奈, & 湯川進太郎. (2021). マインドワンダリングの内容と創造性および精神的健康との関連. 社会心理学研究, 36(3), 104-113.

* 4 Ottaviani, C., Shahabi, L., Tarvainen, M., Cook, I., Abrams, M., & Shapiro, D. (2015). Cognitive, behavioral, and autonomic correlates of mind wandering and perseverative cognition in major depression. Frontiers in neuroscience, 8, 433.

* 5 5Ottaviani, C., Shapiro, D., & Couyoumdjian, A. (2013). Flexibility as the key for somatic health: From mind wandering to perseverative cognition. Biological psychology, 94(1), 38-43.

* 6 Poerio, G. L., Totterdell, P., & Miles, E. (2013). Mind-wandering and negative mood: Does one thing really lead to another?. Consciousness and cognition, 22(4), 1412-1421.

* 7 Deng, Y. Q., Li, S., & Tang, Y. Y. (2014). The relationship between wandering mind, depression and mindfulness. Mindfulness, 5, 124-128.

* 8 Killingsworth, M. A., & Gilbert, D. T. (2010). A wandering mind is an unhappy mind. Science, 330(6006), 932.

* 9 Teasdale, J. D., Segal, Z., & Williams, J. M. G. (1995). How does cognitive therapy prevent depressive relapse and why should attentional control (mindfulness) training help?. Behaviour Research and therapy, 33(1), 25-39.

* 10 Williams, J. M. G. (2008). Mindfulness, depression and modes of mind. Cognitive therapy and research, 32, 721-733.

* 11 Takahashi, T., Sugiyama, F., Kikai, T., Kawashima, I., Guan, S., Oguchi, M., Uchida,T, & Kumano, H. (2019). Changes in depression and anxiety through mindfulness group therapy in Japan: The role of mindfulness and self-compassion as possible mediators. BioPsychoSocial medicine, 13(1), 1-10

〈Chapter2-2〉

* 12 Dijksterhuis, A., & Nordgren, L. F. (2006). A theory of unconscious thought. Perspectives on Psychological science, 1(2), 95-109.

* 13 Klein, G. (2008). Naturalistic decision making. Human factors, 50(3), 456-460.
* 14 田坂広志 . (2020). 直観を磨く：深く考える七つの技法 . 講談社現代新書 .

〈Chapter2-3〉

* 15 山中康裕 . (1976). 写真映像をメッセージとした思春期心身症の精神療法過程 , 日本芸術療法学会誌
* 16 Combs, J. M., & Ziller, R. C. (1977). Photographic self-concept of counselees. Journal of Counseling Psychology, 24(5), 452.
* 17 Ziller, R. C., & Lewis, D. (1981). Orientations: Self, social, and environmental percepts through auto-photography. Personality and Social Psychology Bulletin, 7(2), 338-343.
* 18 Ziller, R. C., & Rorer, B. A. (1985). Shyness-environment interaction: A view from the shy side through auto-photography. Journal of personality, 53(4), 626-639.
* 19 Ziller, R. C. (1990). Photographing the self: Methods for observing personal orientations. Sage publications, Inc.
* 20 向山泰代 .(2004). 自叙写真による自己概念研究 . 応用心理学研究 , 30, 10－23.
* 21 向山泰代 . (2010). 自叙写真法による自己認知の測定に関する研究 . ナカニシヤ出版 .

〈Chapter2-4〉

* 22 Rogers, N., 小野京子・坂田裕子訳 . (2000). 表現アートセラピー 創造性に開かれるプロセス . 誠信書房 .

〈Chapter2-5〉

* 23 Porges, S. W. (2001). The polyvagal theory: phylogenetic substrates of a social nervous system. International journal of psychophysiology, 42(2), 123-146.
* 24 Porges, S. W. (2003). The polyvagal theory: Phylogenetic contributions to social behavior. Physiology & behavior, 79(3), 503-513.
* 25 Porges, S. W. (2009). The polyvagal theory: New insights into adaptive reactions of the autonomic nervous system. Cleveland Clinic journal of medicine, 76(Suppl 2), S86-S90.
* 26 Porges, S. W., 花丘ちぐさ訳 .(2018) ポリヴェーガル理論入門：心身に変革をおこす「安全」と「絆」. 春秋社 .
* 27 Porges, S. W., & Dana, D., 花丘ちぐさ訳 .(2023) ポリヴェーガル理論臨床応用大全：ポリヴェーガル・インフォームドセラピーのはじまり . 春秋社 .

〈Chapter2-6〉
＊ 28 Breuer, J., & Freud, S.(2009). Studies on hysteria. Hachette UK.
〈Chapter2-7〉
＊ 29 Gendlin, E. T. (1961). Experiencing: A variable in the process of therapeutic change. American journal of psychotherapy, 15(2), 233-245.
＊ 30 Gendlin, E. T. (1964). A theory of personality change. Personality change, 100-148.
＊ 31 Gendlin, E. T. (1997). Experiencing and the creation of meaning: A philosophical and psychological approach to the subjective. Northwestern University Press.
〈Chapter2-8〉
＊ 32 Rogers, C. R. (1951). Client-centered therapy: Its current practice, implications, and theory, with chapters. Boston, MA: Houghton Mifflin.
＊ 33 Ziller, R. C. (2000). Self-counselling through re-authored photo-self-narratives. Counselling Psychology Quarterly, 13(3), 265-278.
〈Chapter2-9〉
＊ 34 Flavell, J. H. (1978). Metacognitive development. Structural/process theories of complex human behavior, 213-245.
＊ 35 Flavell, J. H. (1979). Metacognition and cognitive monitoring: A new area of cognitive—developmental inquiry. American psychologist, 34(10), 906-911.
＊ 36 Flavell, J. H. (1981). Monitoring social cognitive enterprises: Something else that may develop in the area of social cognition. Social cognitive development: Frontiers and possible futures, 11, 272-287.
＊ 37 Neff, K. D. (2011). Self-compassion, self-esteem, and well-being. Social and personality psychology compass, 5(1), 1-12.
＊ 38 Neff, K. D., & Germer, C. K. (2013). A pilot study and randomized controlled trial of the mindful self-compassion program. Journal of clinical psychology, 69(1), 28-44.
＊ 39 Neff, K., & Davidson, O. (2016). Self-compassion: Embracing suffering with kindness. In Mindfulness in positive psychology(pp. 37-50). Routledge.

Chapter **3**

心をととのえる「フォトログ」

この本のゴールは、写真による心理効果を活用しながらマインドフルに心をととのえ、幸せで充実した毎日を送ることです。3つの大きなテーマをそれぞれ10のレッスンを通じて実践し、マインドフルな心をととのえる習慣を身につけましょう。

1 「マインドフルなフォトログ」とは「心の記録」

　「マインドフルなフォトログ」は、あなたが撮った写真を観て感じた言葉から、さらに主観的に気持ちを綴るあなたの「心の記録」です。

　これから紹介するレッスンでは、意識的か無意識的かにかかわらず、あなたが撮った写真に込められたあなたの気持ちを感じ取り、言葉にならない気持ちもできるだけ言語化し、主観的に言葉で綴ります。そして、客観的にフォトログを読み返し、自分の気持ちを受け入れながら、マインドフルに心をととのえていきます。

　これは、ポジティブ心理学や、写真による心理効果のエビデンスを取り入れた、その時の自分の気持ちを知り、幸せに生きていくための「セルフケア・マネジメント」のメソッドです。

2 フォトログで
あなたを知っていこう

　撮った写真から自分の気持ちを感じ、言葉に
していくというのは、一見むずかしそうに思う
かもしれません。

　ただ、自分ひとりで言葉にするだけなので、
「変なことを言ったらどうしよう」
「恥ずかしい」
「頭が真っ白になって、何も出てこない」
　というように、ほかの人の目を気にする必要
はありません。

　自分だけが知る「安心・安全な環境」で、何
を言っても否定されたり批判されたりすること
はないのです。

　一方で、こんな気持ちになる人もいるかもし
れません。

「私は想像力がないからできない」
「私は語彙力がないから、無理そう」
「何も思い浮かばないかも」

　そんな時こそ、「連想ゲーム」のようにゲーム感覚で楽しんでみてください。
　連想ゲームとは、与えられたヒントからお題を当てる言葉遊びです。ここでは、写真から自分の気持ちを連想します。

　たとえば、「何となく」この写真を選んだとします。

あなたならどんな気持ちを連想しますか？写真を撮影した人の気持ちでもいいですし、猫の気持ちを想像してもいいです。

　気持ちを連想して言葉が浮かんできたら、次はそれを文字にしてみます。

「気持ち良さそうだなあ」
「猫になりたい」
「ゆったりお昼寝、気持ちいいな〜」

　あなただけの言葉が出てくるでしょう。浮かんだ言葉を文字にする時は、短いひと言で表現するだけで十分です。

「何となく」選んだ写真にも、選んだ理由が秘められています。

　選んだ理由が明確に思い浮かばなくて、「何となくそう思ったから」で良いのです。

　あなたが思ったことが答えです。まずはひと言でもいいので、言葉にしてみます。

　そうやってあなたのなかから自然に生まれた言葉は、あなたの気持ちを知る種になります。

写真に写し出されたあなたの心の種には、あなたの気持ちを表す情報が込められています。種から生まれたあなたの言葉は、あなたにとって大切なものです。ゆっくりと種が芽を出していけるように、楽しみながらはじめていきましょう。

　この種を育てるのはあなた自身です。
　１つひとつの小さな種から、たくさんの言の葉の芽が生まれてきます。それらが集まった「マインドフルなフォトログ」で、「あなたが気づいていないあなた」を知っていきましょう。

3 出てきた言葉をヒントに
フォトログを綴ろう

　写真を観て感じた言葉を書いてみたら、今度はこの言葉をヒントに、撮った時の気持ちを書きはじめます。

「何で、そう思ったんだろう」
「どんな気持ちなのかな」
　と、自分の心に再び聞いてみましょう。

　何も思い浮かばないと、どこからか、
「自分はダメなんじゃない？」
「やっぱり無理かも」
　というささやきが聞こえてくるかもしれません。どうしたらいいのか、だれかに聞きたくなってしまうかもしれません。
　でも、「その時のあなたの感情」はあなただけのもの。だれも教えてくれません。

だからこそ、心配な時は、心配なこと自体を
フォトログに書いてください。
　だれかに聞いてもらいたいことがあれば、今
のあるがままの気持ちで書けばいいのです。

「今、ここ」で写真から感じたあるがままの気
持ちを書くフォトログには、あなたらしさがた
くさん詰まっています。

　このあとのレッスンでは、大きな３つのテー
マである「好き」「感謝」「マインドフルネス」
から感じたことを、あなたが思ったまま文章に
してみましょう。願望でも、心に秘めているこ
とでもいいのです。
　少しだけ勇気を持って心の扉を開いてみま
しょう。

　答えは必ずあなたのなかにあります。
　それを自分自身で気づくこと自体も大切なト
レーニングなのです。

4　フォトログはひと晩以上 寝かせてから読もう

　フォトログを読む時は、主観的な自分から離れるため、書いてから少し時間を置いて、いつもそばにいる理解者として客観的に読みます。

　評価や判断、比較をせず、安心・安全な場所で、あるがままの気持ちを読んでください。
「そういう気持ちだったんだね」
「とてもよくわかるよ」
　と、ありのままに気持ちを受け取ります。

　そして最後に、勇気を出して心を開き、フォトログを書いた自分に伝えてください。
「正直に気持ちを伝えてくれてありがとう」
　これが、自分との大事なコミュニケーションです。最高の理解者である自分を大切にすることが幸せにつながります。

5 ツールを用意しよう

　フォトログをはじめるためのツールを準備し
ましょう。準備といっても、何も特別なものを
用意するわけではないので安心してください。
　お手持ちのツールによって、取り組み方が少
しだけ変わりますので、いずれかをご準備くだ
さい。どんな組み合わせも自由ですが、振り返
りのしやすさから、できれば同じ方法でレッス
ンを進めていくのがおすすめです。

- カメラ
- （可能であれば）パソコンやプリンター
- ノートもしくは日記アプリ
- プリントする場合は、プリント用紙
- 筆記用具

ツールの使い方など

● 撮る(カメラ)

カメラは、あなたの気持ちを世界から切り取る大切なツールです。スマホやコンパクトカメラ、一眼レフでも、あなたが使いやすいもので構いませんが、すぐに写真を確認できるカメラがおすすめです。

● 見る

写真を選ぶために、その日に撮った写真をすべて見てみます。カメラのプレビュー画面でも、パソコンに取り込むのでも、見やすいほうを選んでください。

● その日の1枚を直感で選ぶ

- 実物の写真でフォトログを残す場合は、選んだ1枚をノートの半分以下のサイズでプリントして貼ります。
- 日記アプリの場合は、好きなアプリをダウンロードして、1枚を選びます。

▌ツールを決める

　まずは自分が実践しやすい方法を確認してみ
ましょう。

● カメラ
　□ スマホ
　□ コンパクトデジカメ
　□ 一眼レフデジカメ

● 写真を観る
　□ パソコンに写真を移して観る
　□ カメラのプレビュー画面で観る

● フォトログ
　□ ノート
　□ プリンター
　　（コンビニなどのプリンターも OK）
　□ 写真を貼るための糊か両面テープ
　□ 筆記用具

　スマホ1台で行なう場合は
　□ 日記アプリ

6 フォトログの進め方

フォトログは、5つのSTEPで進めます。

STEP 1　写真を撮る

> テーマをイメージしながら撮ります。

STEP 2　写真を観る

> 安心できる静かな場所で、選んだ1枚の写真を眺めます。

STEP 3　観た写真を、自分の言葉にして書き留める

> 写真から感じたことを言葉にし、それをノートに貼った写真の近く、あるいは日記アプリに書き留めます。

STEP 4　主観的にフォトログを書く

> 書き留めた言葉から、浮かんできた気持ちや出来事などを、ノートや日記アプリに、思ったままに主観的に書いてみましょう。

STEP 5　時間をおいて、客観的にフォトログを読む

> 自分が書いた気持ちを、もう1人の自分がありのままに受け取ります。

〈ある日のマインドフルなフォトログ〉

〇〇〇〇年 〇〇月 〇〇日

今日の1枚

感じた言葉

元 気 か な

フォトログ

歩いていたら、ベンチで寝ている猫を見つけた。

お昼寝、気持ちよさそう。

最近実家に帰れてなかったけど、

実家にいるコムギに会いたくてたまらなくなった。

テーマ：小さな幸せ（P149）

○○○○年 ○○月 ○○日

ベランダの実り

数年前に小さなぶどうの苗を買い、せまいベランダで育てている。そして今年、そのブドウはついに愛らしい実をつけた。小さな小さなブドウだけど、毎日色づいていくのが幸せでたまらない。

テーマ：おだやかな時間（P175）

○○○○年 ○○月 ○○日

心の安らぎ

遠くへ旅に出られないので、近場の公園に出かけて、土や草の匂いを嗅いだ。この時は、何でもない、何もしない自分だった。そんな時間が必要だったんだ。

7　フォトログを実践しよう

STEP1 　写真を撮る

● どこで撮る？

　屋内外、撮る場所を自由に選びます。屋外での撮影は、交通安全に気をつけましょう。

● 何を、どうやって撮る？

- 上手に撮ろうとする必要はありません。直感でシャッターを切ってみましょう。
- 撮る時は、自然の光の在り様をとらえるために、ストロボ機能（フラッシュ）は使わない設定にして撮ります。
- 被写体に近づいて、アップで撮るのもOK！
- 枚数が少ないと選びにくいので、1レッスン10枚ほどを目安に撮りましょう。もっと撮りたければそれもOKです。

STEP2 写真を観て、選ぶ

撮った写真から、テーマにいちばんピッタリな1枚を選びます。

● 写真を眺める

プリントしてノートに貼るか、または日記アプリにアップして、静かな気持ちで眺めます。

● 写真から何を感じる?

ありのままに写真を観てみます。

自分の心と対話し、1枚の写真を選ぶために、自分に次の問いかけをしてみてもいいですね。

- なぜこの写真を選んだのか
- どんなところがテーマにピッタリなのか

自分の心に耳を傾けてみましょう。

感じたことを言葉にして書き留める

● 言葉にして書き留める

　写真を観ているうちに感じた気持ちを、短い言葉にして書き留めましょう。言葉にしやすくなるように、自分に質問してみます。

- なぜこの写真を選んだの？
- どんなところが気になったの？
- 見ているとどんな気持ちになる？

● 答えに正解も不正解もありません

　あなたが思った通りでいいのです。
「ただ何となく……」
「やさしい気持ちになれたから」
「甘酸っぱくて、ちょっと切ない感じ」
　あなたのなかから自然に生まれてきた言葉が、答えです。

書き留めた言葉から感じた気持ちを
主観的に書く

● **写真から生まれた言葉から何が見える？**

　フォトログはだれにも見せないので、上手に書かなくて大丈夫です。

　あなたが感じたことを、思った通りに書いてみましょう。願望でも、心に秘めている想いでもいいのです。あるがままの気持ちを主観的に綴りましょう。

● **ＳＴＥＰ３とのちがいは？**

　ＳＴＥＰ３で書き出した言葉をヒントに、なぜその言葉が出てきたのかを、気持ちのままに書いてみましょう。

　文章の長さは自由です。あなたが書きたいだけ書き出してみます。

　ＳＴＥＰ３で生まれた種からたくさんの言葉が育ててみましょう。

自分の書いた気持ちを、
大切な友人として受け取る

● フォトログはひと晩以上寝かせてから観る

　主観的に綴った自分の気持ちでも、少し時間が経つと、だれかが書いたもののように客観的なものとして読むことができます。

● フォトログを観る時は、いちばんそばにいる友人として観る

　主観的な自分から少し離れて、客観的な自分を意識します。

「そういう気持ちだったんだね」

「とてもよくわかるよ」

「正直に伝えてくれてありがとう」

　評価や判断、比較をせず、安心・安全な場所でありのままの気持ちを受け取ります。

　いちばん近くにいる自分の最高の理解者は、もうひとりのあなたでもあるのです。

8 フォトログを実践する 3段階のアプローチ

　フォトログは、3段階のテーマに沿って、そ
れぞれ10のレッスンを順番に実践していきま
す。1つの目安として、1つのレッスンを1日
〜1週間の間に行ないます。あなたのペースで
進めてみてください。

①ポジティブな気持ちで毎日を彩る
　10のレッスン［⇒Chapter4］

　第1段階では、自分を楽しく元気な状態にす
るために、自分の「好き」を意識してポジティ
ブ感情を呼び起こします。

　あなたはどれだけ自分のことを知っています
か？　自分を知るためには、自分の価値観を理
解することが大切です。

好きなものや興味があるものには、あなた自身の、あなただけの価値観が反映されています。価値観は「あなたが大切にしていること」とも言い換えられます。

自分が何を大切にしているかがわかってくると、本来の自分を知るきっかけになることから、心も落ち着いていくのを感じるでしょう。

好きなものを探す。それだけで、とても楽しく、心も体も元気になっていきます。

自分を知るために、好きなものや興味があるものを写真に撮り、集めます。

好きなものを撮った写真には、あなたが選んだ、あなたにとって価値があり、大切なものが写っています。

②日常の「ありがとう」を見つける 10のレッスン［⇒Chapter5］

第2段階では、感謝をすることによって幸福感を呼び起こします。

感謝の気持ちを相手に伝えると、伝えられた

相手はうれしい気持ちになります。感謝した人にも、「返報性の原理」で今度は自分もだれかのために何かしようと思う気持ちが生まれ、幸せの連鎖が起こります。

　人は感謝することによって幸福感が高まり、それと同時に身体的健康が増進することも、多くの心理学の研究結果で報告されています*。

　また、あらゆる人に感謝を伝えるようにすると、人間関係も円滑になります。

　今回のテーマのように、感謝の気持ちを込めて写真を撮ることは、おそらく多くの人がこれまでしていないと思います。

「撮った時の気持ちが写真に写る」という点は、すでにお伝えしました。この特質を活用して、目に見えない「感謝の気持ち」を込めて写真を撮ってみるのです。

　そして、あなたが感謝した気持ちを撮った写真から感じてみてください。

　たくさんの恩恵がある「感謝する習慣」を身につけることで、幸福感がより身近になっていきます。

③「今、この瞬間」を大切にする
   10のレッスン[⇒Chapter6]

　最後の段階では、マインドフルネスにアプローチします。

　ここからは、自分の感情から少しずつ距離をとる練習です。第2段階までは、ポジティブ感情や感謝からの幸福感といった、心身に恩恵をもたらす感情のポジティブな側面を体験することを通じて、心のあり方を回復することを目的としています。

　ただ、いずれの感情も、ポジティブ・ネガティブ、幸福感・不幸感という具合に、二極化した反対の側面を持っています。

　つまり、何かネガティブな出来事があった時には、マイナスの極に振れてしまう脆弱さも、私たちは持ち合わせているのです。

　二極を持つ感情の間を行ったり来たりするうちに、知らず知らずに世界の見え方も影響を受けたり、出来事や人のことも自分の解釈で良い悪いと評価判断したりしてしまうものです。

　そこで、第1・2段階で実践してきたように、

撮った写真のなかに自分の本音を見つけ、そこにある主観的な感情を言葉にし（フォトログを書き）、客観的にもうひとりの自分が、それをありのまま受け取る練習を行なって、自分の感情に対して距離を持ってとらえていきます。これはマインドフルな心をととのえるプロセスでもあります。

　ここでは、撮る時もマインドフルに世界を見つめ、心をととのえる習慣を身につけていきます。

　これら3つのアプローチを活用し、心をととのえていきましょう。

参 考 文 献

〈Chapter3-8〉
* Cregg, D. R., & Cheavens, J. S. (2021). Gratitude interventions: Effective self-help? A meta-analysis of the impact on symptoms of depression and anxiety. Journal of Happiness Studies, 22, 413-445

Chapter 4

ポジティブな気持ちで
毎日を彩る10のレッスン
—— ポジティブ感情を高め、元気になる
　　マインドフルなフォトログ①

マインドフルに「写真を撮る・観る・言葉にする」
が習慣になると、心がととのい、1つひとつの出来
事が大切に感じられ、幸せで充実した毎日に変わっ
ていきます。最初の10のレッスンは、自分が元気
になるポジティブ感情を高める練習です。

ポジティブな気持ちを高めて撮る・観る

「好きなことをしていたら、楽しくて時間を忘れてしまった！」という経験はありませんか？好きなものや興味のあることは、あなたが心から喜べる価値のあるもので、そうしたものに触れていると、心は自然と元気になります。

　まずは純粋に楽しい気持ちで、好きなものを集めていきます。ここではカメラを使って、この広い世界のなかから、感じたままにあなたの「好き」を探してシャッターを切ってください。

　あなたが選んだ世界は、あなたの眼差しそのものです。あなたの「好き」を楽しく集めていくことが、あなたを知るために最も大切なことなのです。

最初は、ポジティブなテーマで、「フォトロ
グの進め方」（P103参照）ＳＴＥＰ１（撮る）
から順にＳＴＥＰ４（言葉にする）までを実践
しましょう。

　ポジティブ感情を高めて元気になることで、
心をととのえる土台をつくっていきます。

何となく気になるもの

　まずは、「何となく気になるもの」から探して撮ってみましょう。

　「何となく気になる」というと漠然としていますが、うまく言葉にならない「何となく」にも、その人なりの心惹かれる理由があるのです。

　ある人は、グラスを透した光かもしれません。またある人は、雑然とした自分の部屋かもしれません。

　「何となく気になるもの」に、あなたを知る大きなヒントがあります。気楽に、楽しみながら撮りましょう。

フォトログの例

「大きくなったねー!」

➡気づいたら、鉢いっぱいに増殖! 忙しい仕事場で目にす
るとほっこりできる。私も気づかないうちに成長してるの
かな?

好きな色

　あなたが今、好きだと感じる色は何色です
か？　これはいつも好きな色ではなく、あなた
が「今」好きだと感じる色です。

　部屋のなかでも外でも、あなたが今、好きだ
と思う色を探してみましょう。
　心に留まった色が見つかったら、シャッター
を切ります。

　好きな色を撮る理由は、色によるあなたの性
格判断をするためではありません。
　自分の好きを少しずつ集めることで、自分の
ことを知っていくためです。

　宝探しのように、好きな色を探してみましょ
う。

フォトログの例

「感激！」

➡私の大好きなピンク色の家に住んで、ピンク色の自転車
　に乗ってる人がいるなんて！　どんな人なんだろう？
　きっと、自由な人にちがいない！　好きな色に囲まれてい
　たら、幸せだろうなぁ。

LESSON

3　好きな景色

「好きな景色」といっても、どこか遠くへ行く必要はありません。

あなたの身近にある安らぐ場所や、通勤・通学、お買い物の途中などの見慣れた場所にも、心惹かれる景色があるでしょう。

写真を撮ることは、それまでだれも見向きもしなかったものや場所に光を当てることでもあります。

あなたが「ここが好き！」と思って、パチリとシャッターを切ったら、あなたの気持ちがその場所に光を当て、そこが特別な場所になるのです。

だれも気づいていないすてきな場所を、あなたの審美眼で、光を当ててください。

フォトログの例

「懐かしい気持ち」

➡子どものころ、こんな野原を友だちと駆け回っていた時の
　気持ちが新鮮に蘇ってきた。何もないけど、満たされてい
　たことを思い出した。

好きな食べ物や飲み物

　今日は、あなたの好きな食べ物や飲み物を撮りましょう。ちょっとワクワクしませんか？

　外食やテイクアウトしたものでもいいですし、時間があったら、腕を振るってつくったお料理を撮ってもいいですね。

　あるいは、好きな食べ物や飲み物だけではなく、みんなで食べている食卓や、忙しさの合間でほっとするティータイムが、あなたのお気に入りかもしれません。

　あなたが好きな食べ物・飲み物に関連する「空間」や「時間」もぜひ撮ってみてください。

　そこから見えてくる、おいしく楽しいあなたの「好き」を見つけてみましょう。

フォトログの例

「自分へのご褒美」

➡大好きなジェラートは、私を元気にさせてくれる！ 甘く
　て冷たいジェラートに癒やされて、午後もがんばれた。

LESSON

5 好きな光

今日は「光」に目を向けてみましょう。
　きらめく太陽の光や、空間に充ちるやさしい
光に気づくはずです。

　カーテン越しの朝日の輝き
　雨の日の静かな光
　家族で過ごす居間を照らす灯り

　写真を撮りはじめると、今まで気がつかな
かった光の美しさや様子が見えてきます。

「今日の夕日はいちだんときれいだな」
「森の木漏れ日って気持ちがいいな」

　あなたが好きな「光」を、探してみましょう。

フォトログの例

「祝福」

➡静かな森を散歩するのが好き。美しい光を浴びると、世界
　はこんなにも光にあふれていることに気がつく。

6　好きな影

　　光があるところには影もあります。

　　晴天の太陽の強い光が生み出す影は、はっき
りとしたコントラストで世界を縁取ります。
　　曇り空で柔らかい太陽の光の影は、淡くうっ
すらと世界を映しています。

　　光が織りなす影の像は、私たちに何かを語り
かけるようにも見えます。
　　実際のものよりも詩的に、物憂げに、美しさ
を醸し出します。
　　光の向こう側で、そっとたたずむ影たち。

　　あなたが見つけた影は何を伝えていますか？

フォトログの例

「影は絶対にそばにいる」

➡「影って不思議だなー」と子どものころから思っていた。絶
　対に自分にくっついてくる。部屋の植物の影は、太陽の光
　の強さとともに表情を変える。その変化をずっと見ていた
　いと思った。

好きな人

あなたが大好きな人はだれですか？

少し恥ずかしいかもしれませんが、フォトログのレッスンとして、大好きな人にお願いして、写真を撮らせてもらいましょう。

今日あなたの好きな人に会えないとしても、その人を思い出せるような何かを撮ってみるのもいいですね。

撮る時に、心にこう思ってシャッターを切ってください。言葉に出せるなら、言葉にして。

「あなたのことが大好きです」

フォトログの例

「遠い思い出」

➡寄り添う2人を見ていたら、祖母が毎日、小さな私の髪を
　とかしてくれたことをふと思い出した。もう会えないけれ
　ど、今からでも届くかな。大好きだよ。ずっと。

8

好きな曲を
思い浮かべながら

あなたのお気に入りの曲は何ですか？
今はどんな曲が思い浮かびますか？

あなたが今思い浮かべた好きな音楽を、頭の
なかで流しながら撮影をしてみましょう。
実際に聴きながら撮れば、さらに楽しい体験
になります。ただし、屋外で撮影する場合は周
囲に注意してくださいね。

音楽があると、自分だけの世界に没頭できま
す。

シャッターを切るのは、あなたの大好きな音
楽とあなたの気持ちにぴったりの世界に出会っ
た瞬間。それが最高のタイミングです。

フォトログの例

「やさしさに包まれたなら」

➡写真を撮る時は、ユーミンのこの曲！　どんなメッセージ
　を受け取れるのか、いつもワクワクしちゃう。

好きなものを自由に

　今回は、自分の「好き」を自由に見つけてみましょう。心惹かれ、好きだと感じるものは何ですか？

　これまでのレッスンを通して、形があるものから目に見えないものに意識をだんだんと変えてきました。

「ものごとはね、心で見なくてはよく見えない。いちばんたいせつなことは、目に見えない」
サン＝テグジュペリの名作『星の王子さま』*の言葉です。

　目には見えない大切なものが、心で撮る写真には写っています。あなたの心の目は、大切なものがもう見えはじめているのです。

フォトログの例

「自由に羽ばたく」

➡自分にも羽があったらな。行きたいところに、自由に飛ん
　で行ってみたい。心が重くて身動きが取れない私だけど、
　いつかきっと、あなたのように自由になりたい。

自撮り／自分の笑顔

あなたは自分が写っている写真が好きですか？　写真に撮られることはどうでしょうか？

写真で撮られることが苦手な人は多いかもしれません。たしかに最初は抵抗があるかもしれませんが、自分の顔をカメラに向けて撮影する機会を少しずつ増やしていくと、自分の特徴や表情をより深く理解できるようになります。

そして、写真の自分を客観的に観ると、そのなかに自分だけの美しさや個性を見つけられるかもしれません。

自分を撮影すると、自分自身を見つめ直し、理解し、受け入れるステップを踏むことができるのです。

この自分の写真は他人に見せるためのものではありません。まずは鏡のなかの自分を自撮りしてみましょう。はじめは手や足など、自分が気に入っている部分から撮影してみてもいいですね。

　自分の顔を好きになることは、ほかからの評価ではなく、自分自身がありのままの自分を受け入れることからはじまります。

　写真を観る時は、くれぐれも評価や判断をしないように意識して、好きなところ・良いかもしれないと思えるところをたくさん探してみましょう。

　ありのままの自分をまるごと好きになれれば、明るい未来の扉が開かれていきます。

参 考 文 献

〈Chapter4-9〉

* de Saint-Exupéry, A. (1943). Le petit prince [The little prince].Verenigde State
  van Amerika: Reynal & Hitchkock (US), Gallimard (FR).、河 野 万 里 子 (訳)
  (2006). 星の王子さま . 新潮社

Chapter **5**

日常の「ありがとう」を
見つける10のレッスン
―― 幸福感が高まり心が安定する
　　　マインドフルなフォトログ②

ここで紹介する10のレッスンは、感謝の気持ちを
持つことで幸福感を高める練習です。感謝の気持
ちで撮った写真を観ながらマインドフルなフォト
ログを綴ると、ストレスが軽減され、心の安定につ
ながっていきます。

被写体に感謝の気持ちを向けて撮る・観る

「ありがとう」と言われると、やりがいや満足感を覚え、だれかのために尽くしたいと思う気持ちが生まれてくるでしょう。

　感謝される経験は、コミュニケーションを円滑にします。協力し合い、思いやりのある関係を築くきっかけにもなるでしょう。

　また、自分から感謝の気持ちを表現することで、自身の幸福感が高まり、ストレスや不安が和らぐことも、心理学の研究からわかっています。感謝を表現することは、他の人との絆を深め、共感や理解を促進します。

　幸福感を向上させることのほかにも、感謝には次の効果があることが研究で明らかにされています*。

- 生活満足度の向上
- 気分改善
- ストレスや不安の軽減
- 質の高い睡眠の促進

　感謝の気持ちを持つことが習慣になると、心がととのい、幸福感も高まっていきます。「ありがとう」がテーマの本レッスンでは、特に次のことを意識してみましょう。

撮る：「ありがとう」の気持ちを込めてシャッターを切る。
観る：「感謝の気持ち」を感じる写真を選ぶ。
言葉にする：写真から受け取るイメージを連想して言葉にする。その言葉をもとに、気づいたこと、感じたことなどを自由に主観的に文章にする（特にこのレッスンでは、感謝の気持ちを言葉にしても良い）。
　時間をおいて、友人に接するようにやさしい気持ちを持って読む。

1

何となく気になるもの

「感謝」にはどんな印象がありますか？

感触があるとしたら、どんな感じでしょう？
何色をしているのでしょう？
どんな香りがする？
食べてみたら、どんな味？
音で表現するなら、どんな音色？

そんなふうに、「感謝」について五感を研ぎ澄ませて、感謝の対象を探してみてください。

心をやさしく包み込むような感謝の気持ちを込めながら、気になるものに注目してみましょう。ふだん見すごしていた喜びや感謝を見出すことができるはずです。

フォトログの例

「そこのあなた！」

➡いつもセカセカ歩いて通り過ぎていく私に、「のんびり
　ゆったり生きたっていいじゃないの」って言ってくれてい
　るみたい。忙しさで自分を見失っていたことを気づかせて
　くれた。

空（太陽、雲、雨など）

　毎日の暮らしのなかで、空を見上げることは
ありますか？

　天気が良ければ太陽が燦々と輝いているで
しょう。雨の日は、空から恵みのしずくが大地
に降り注いできます。

　私たちは日々、天から恩恵を受けています。

　ゆっくりと空を見上げてみてください。

　ふわりと浮かぶ雲、輝く太陽、しずくとなっ
て落ちる雨。もしかしたら、それらはあなたに
何かを伝えているのかもしれません。

　天からの恩恵やメッセージに感謝の気持ちを
込めて、心静かにシャッターを切ってみてくだ
さい。

フォトログの例

「おじさんの雲」

➡雲を見ていたら、亡くなったおじさんの顔に見えてきた。
だから私は雲のおじさんに手を振って、私がここにいるこ
とを教えるの。

小さな幸せ

　幸せは、何も特別な人や場所にだけあるわけではありません。

　だれにでも日常の何気ない瞬間に、たくさんの幸せが隠れているのです。

　心地良い風を感じ、心がおだやかな時。
　家族との会話で、あたたかさを感じた時。
　大好きな音楽に耳を傾け、心が躍る時。
　コーヒーの香りにホッとした瞬間。

　日々の何気ない小さな幸せに気づき、感謝の気持ちが生まれると、心も豊かになり、幸福な気持ちで満たされていきます。

フォトログの例

「ベランダの実り」

➡数年前に小さなぶどうの苗を買い、せまいベランダで育て
ている。そして今年、そのブドウはついに愛らしい実をつ
けた。小さな小さなブドウだけど、毎日色づいていくのが
幸せでたまらない。

4 あたたかさ

「あたたかさ」という言葉に、何を連想します
か？

　あたたかな光に包まれた時の安心感や、あた
たかい飲み物を味わった時の心地良さ。また、
あたたかな人々との触れ合いや、やさしい言葉
に触れた時のぬくもり。
　あたたかさは私たちの心を癒し、つなげてく
れる素晴らしいものです。

　このレッスンでは、あたたかさを感じるもの
に目を向け、感謝の気持ちを込めて写真を撮っ
てみましょう。

フォトログの例

「ありがとうの温度」

➡スキンダイビング（素潜り）仲間と過ごすワイルドな時間。
　今日ここで元気に潜れることを、お互いに感謝し合う。
　人ってあたたかい。尊重し合える友だちは人生の宝物。

LESSON
5
季節の変化

あなたは季節の変化に心を向けることがありますか？

冬景色から一斉に塗り替えられる春の草花。
夏の陽光の向こうで聞こえはじめる蝉の声。
秋の紅葉が美しく色づく、実り豊かな山々。
家を出て気づく、冬のつんとした匂い。

季節の変化は、美しさと新たなはじまりをもたらしてくれます。
草木が芽吹く日々の些細な変化も、私たちの目に映る景色に彩りを与え、心を豊かにしてくれます。

その微細な変化を愛で、感謝の気持ちを向けてみてください。

フォトログの例

「季節はめぐる」

➡真っ白な雪が溶け、山が新緑に染まりはじめる。変化って
　美しい。私もそろそろ変化を楽しんでみようかな。変わる
　ことの素晴らしさを教えてくれる季節に感謝！

窓辺の物語

　昼間、窓から差し込む光は部屋を明るくし、夜になり部屋の明かりが灯ると、暗い外の景色にやさしい光をほんのり放ちます。

「心の窓」という言葉があるように、私たちもそれぞれの明かりを心の窓辺から外の世界に放っています。

　ひとりで歩く暗い夜道も、だれかが灯す明かりを見つけると、「ひとりじゃない」と心に明かりが灯るように、心の明かりを絶やさず灯すことで、人と人をつなぐことができるのです。

　家や仕事場、カフェの窓辺を通して、あなたの心の明かりをつなぐ物語を描いてみましょう。

フォトログの例

「あなたのもとに帰ります」

➡いつも、柔らかい光で迎えてくれてありがとう。あなたの
　やさしい灯があるから、私は道に迷わず帰ることができる
　のです。

当たり前の日常

　子どものころ、
「どうして勉強しなきゃいけないの？」
「どうして学校に行かなきゃいけないの？」
　とだれかに尋ねた時、
「そんなの当たり前でしょう！」
　と答えが返ってきたことはありませんか？
　でも、「当たり前」は、本当に「当たり前」な
のでしょうか。私たちが生まれてきたことも、
奇跡的なことかもしれません。

　当たり前の日常に目を向けると、心に深い感
謝の気持ちが湧いてきます。ふだん、当たり前
に過ごしている日常が、じつは愛おしく、尊い
ものなのです。

フォトログの例

「神様からの贈りもの」
➡家族っていいね。いろいろなことを学ばせてくれてありが
　とう。出会えた奇跡に、感謝！

道端の草花

「"雑草"という名の草はない」という言葉を
ご存知ですか？

　植物分類学者の牧野富太郎氏の言葉です。そ
の言葉には、どんな草にもそれぞれ名前があり、
それぞれ自分の居場所で生きているという意味
が込められています。

　道端の草花をはじめ、すべての命には役割が
あり、存在意義があるのです。

　みんなが通り過ぎてしまう道端の草花に心の
明かりを照らし、「ありがとう」の気持ちを込
めてシャッターを切ってみてください。

　草花は何も言わないけれど、きっとあなたの
心の明かりを受け取っています。

フォトログの例

「だれも見ていなくったっていい」

➡だれかのためにじゃなくて、自分のために花を咲かせる。
　あなたから教えてもらったこと。ありがとう、ありがとう。

9 光と影

「光と影」の存在は、あなたにとって身近なものでしょうか？

じつは、これらは、私たちの日常に深い豊かさをもたらしています。

ものは、光があることで明るく、影があることで立体的になります。

光と影は対立するように見えますが、じつはお互いを引き立て合い、美しい世界を生み出しているのです。

光の明るさや影の濃淡、被写体との関係性など、細部にも目を向けてみてください。

光と影が織りなす美しいコントラストを感じ、その対比がもたらす調和のとれた世界に感謝し、シャッターを切ってみましょう。

フォトログの例

「まばゆい光が織りなす影」

➡写真を撮ることで、影の存在やその美しさにあらためて気づいた。いつもは光ばかりを見ていたけど、それぞれの役割があるんだね。いらないものなんてないんだ。

LESSON
10

もうひとりの自分

　いきなりですが、自分と目を合わせてみてください。鏡を見てもいいですし、ガラスなどに反射した自分でもいいです。

　毎朝髪をととのえる時、鏡に映る自分の姿は、あなたにとって見慣れている自分でしょう。

　では、そこに映り込んだ自分は、ふだんだれかから見られているあなたの姿でしょうか？

　それは鏡に映った自分の姿であり、厳密に言えば本来のあなたの姿ではありません。

　そこで、鏡やガラスなどに映る「もうひとりの自分」を見つめ、想いを馳せてみてください。

「もうひとりの自分」は、家のなかの鏡はもちろん、街中のショーウィンドウをはじめ、いつ

もあなたのそばにいます。

　今まであまり意識していなかったかもしれないけれど、鏡やガラスに向かって自分の写真を撮っていくなかで、徐々に「もうひとりの自分」があなたの大切な存在になっていくでしょう。

「いつもそばにいてくれてありがとう。
　そして、これからもよろしくお願いします」

　自分への感謝とともに、シャッターを切ってみましょう。

参 考 文 献

〈Chapter5〉

* Mills, P. J., Redwine, L., Wilson, K., Pung, M. A., Chinh, K., Greenberg, B. H., ... & Chopra, D. (2015). The role of gratitude in spiritual well-being in asymptomatic heart failure patients. Spirituality in clinical practice, 2(1), 5-17.

Chapter 6

「今、この瞬間」を大切にする10のレッスン

—— 心をニュートラルにととのえる
　　マインドフルなフォトログ③

おだやかに世界を見つめ、心を偏りのないニュートラルな状態にととのえる練習をしましょう。「今、ここ」にいる自分が、写真を観ながらフォトログを綴ることで、偏りがなく調和のとれた、中庸な自分になっていきます。

マインドフルに
「今、この瞬間」を撮る・観る

　私たちは日々、未来で起こるかもしれない出来事に心が反応しています。一方で、過去の出来事にくよくよしたり、思い悩んだりしてしまうこともあります。

　そのように私たちは未来や過去を意識しながら生きていますが、「今、ここ」にある瞬間を心おだやかにととのえることで、未来の不安も過去の後悔も、学びに変えていけるのです。

　マインドフルネスは、「今、ここ」の経験や感覚に意識的に注意を向ける実践です。判断や評価をせず、その瞬間のものごとを受け入れる姿勢を取ります。そして、偏りのないニュートラルな心で感情や考え、身体の反応などを中立的に観察していきます。

　このようにニュートラルな観察を継続すれ

ば、感情や考えの極端な反応を鎮め、心が平穏になり、調和とバランスのとれた「中庸」に近づくことができます。この「中庸」の自分が、本来の自分です。

　私たちは「表・裏」、「右・左」、「陰・陽」というように、二元性の世界に生きています。
　自分の「感情」を0ポイント（中庸）として、「快・不快」「善・悪」「幸・不幸」「勝ち・負け」「好き・嫌い」「ポジティブ・ネガティブ」など、自分の感情がこれら二極のどちらかを選択し、「自分は○○だ」と決めています。
　たとえば、「あの人は間違っていて、私は正しい」「あの人は好きだけど、この人は嫌い」などと、評価・判断しながら毎日を暮らしています。

　また、私たちは「正しくなければいけない」「強くなければいけない」「良い人でなければいけない」「裕福はすばらしい」というような理想を追い求めがちです。
　そして現実と比較した結果、「自分はダメだ」と思い込んでいる人、自分は正しくそれ以外は

すべて間違っていると考えている人、たくさんの幸せがあるのに「不幸だ」と思っている人、自分の希望が叶わなかったことをだれかのせいにする人など……、心のバランスが二極のどちらかに偏ってしまうのです。

このような心の動き自体は自然なものですが、二極でしかものごとをとらえられないと、心の針は常にどちらかに振れて、心の安定を保つことがむずかしくなってしまうでしょう。

さらに、自分の外側にあるものに反応して、二極で自分や他者を評価・判断していては、本当の自分の心は見えなくなってしまいます。

だからこそ、本当の自分に立ち戻るために、マインドフルネスの実践が有効なのです。マインドフルに俯瞰でニュートラルに感情を観察し、極端な反応を鎮めれば（二極の中心を保てば）心が平穏になり、調和のとれた「中庸」に近づくことができます。このレッスンでは二極に偏らないニュートラルな状態に心をととのえていきます。

自分の心に意識を向ける準備

このレッスンでは、自分の心に意識を向けるために次の準備をしてからはじめましょう。

①テーマを読み、イメージをつかみます。
②自分の内側に意識を向けるべく、はじめる前に、安全な場所に座り軽く目を閉じます。
③体の力を抜いて、リラックスします。
④腹式呼吸をして、呼吸に意識を向けていきます。まず、鼻から一気に吸って、ゆっくりと息を吐いていきます。息を吐くのは、鼻でも口でもどちらでもいいです。これを3回繰り返します。

ゆっくりと目を開けて、その時心にとまったものを撮影しましょう。

1 静かな気持ち

　家事や仕事に追われていると、一瞬の休息すらままならないことが多いかもしれませんが、自分がほっとできる時間をつくるようにすると、マインドフルネスの効果を実感できます。

　1分でも構いません。静かな場所に身を置き、目を閉じて深呼吸をします。ゆっくりと目を開け、周りの世界を素直な気持ちで観察してみてください。

　ふだん慣れ親しんでいる被写体も、心の状態によって新たな意味を持つことがあります。

　今回は、心の静けさと「今、この瞬間」をとらえる力を養うためのレッスンです。静かな気持ちに身を委ね、ニュートラルでありのままの世界を感じ取ることに集中してみましょう。

フォトログの例

「音のない世界」

➡何も音が聞こえない時間は、私にとって自分と向き合う
　時。目を閉じると、自然に自分の心に気持ちが向いてくる。
　静けさのなかで、湧いてくる感情を1つひとつ、ただただ
　観察してみた。

2　ありのままの景色

　　私たちは視覚・聴覚・嗅覚・味覚・触覚の五感や、それを超えた第六感からも情報をキャッチしています。

　　車のエンジンの音が聞こえる
　　洗濯洗剤の匂いがする
　　レモンをかじると酸っぱい
　　絹の肌触りはなめらか

　　こうした「ありのままに感じたこと」に加え、私たちは自動的に感情で評価をしています。

　　車のエンジンの音がうるさい
　　洗剤の匂いが良い香り
　　レモンは酸っぱくて好きじゃない
　　絹の肌触りはなめらかで好き

このレッスンでは、評価する感情や思考から離れて、ありのままに感じたことだけを受け入れる練習をしてみましょう。

　ありのままに世界を観るということは、「良い・悪い」などの評価から離れて、「あるものをそのまま見る」ことです。

　ここに、飲みかけのグラスがある
　窓が開いている
　配線コードがからまっている

　このように、目で見える世界をニュートラルに観察し、ありのままとらえていきます。

　その過程では、「何となく、いいなあ」「何だか、いやだなあ」などと評価が浮かんでくるかもしれません。そんな評価をしている自分自身にも気づいてみてください。そこから見えてくるものは、今のあなたの心の状態を映しているはずです。

　ありのままの景色を見つめることで、客観的な視点を養い、自己の探求を深める一助にもなります。

3 おだやかな時間

　おだやかな時間をすごす場面として、大勢と一緒にいる場合と、自分がひとりでいる場合を想像してみてください。

　気持ちが通じ合う友人との時間は、楽しく和やかな雰囲気に包まれていることでしょう。
　一方、ひとりでいる時には、孤独や不安を感じることもあるかもしれません。
　でも、ひとりで散歩している時や、ひとりでぼーっとしている時に、おだやかな気持ちになることもたくさんあるはずです。

　おだやかな時間に、あなたの心にはどんな世界が広がっていますか？
　自分の内側に目を向け、おだやかな時間をカメラで切り取ってみましょう。

フォトログの例

「心の安らぎ」

➡遠くへ旅に出られないので、近場の公園に出かけて、土や
　草の匂いを嗅いだ。この時は、何でもない、何もしない自
　分だった。そんな時間が必要だったんだ。

風のように呼吸する

　閉め切った窓を開け風が吹き抜けると、空気が一掃されて爽やかな気持ちになります。

　大地に風が吹くように、あなた自身も呼吸で風を起こしています。風を感じるように、呼吸を意識してみましょう。

　呼吸は、あなた自身が止めどなく生み出す空気の流れです。それはまるで風をつくり出すように、自分の内側に空気を取り込み、外の世界に空気を吐き出します。

　呼吸は、心ともつながっています。動揺した時に呼吸が浅くなったり、「ふーっ」と深呼吸をすると落ち着いたりするように。

　心に新鮮な風が通った感覚で世界を眺め、シャッターを切ってみましょう。

フォトログの例

「緑の呼吸」

➡心に風が通るイメージは、田んぼの緑の稲穂が風に揺れる
　感じ。緑の風を胸いっぱいに吸い込んでみたら、いろいろ
　なことが、「ま、いっか」って思えてきた。

調和

「調和」は、英語では「harmony」。音楽が連想される言葉です。

音が組み合わさることで、私たちはそれを心地良く感じ、心に響くものです。

また、複数の要素が対立なくまとまっている状態も「調和（ハーモニー）」と表現されます。

自然界では、空、太陽、風、土、木、動物たちなどがバランスよく共存し、美しいハーモニーを奏でています。

調和した配色や形、自然と人工物の組み合わせなど、自然のハーモニーの美しさを写真で切り取ってみてください。

フォトログの例

「自然は過不足なく循環している」

➡毎日、目の前の海を眺めながら思うこと。いつか自分もこのバランスの一部になること。自然から受け取っていく。

LESSON
6 凪(なぎ)

海は、さまざまな表情を見せます。

晴天の下で輝く青い海
大荒れの天候による、荒々しい波濤(はとう)
さざ波ひとつない静かな海

その姿はまるで私たちの感情のように、晴れ晴れとする時も荒れ狂う時もあります。

激しい波が押し寄せる海も、風が弱まると、凪(なぎ)の状態が訪れます。

凪は、鏡のように水面に空を映し出します。それは、鎮(しず)まった心がありのままの世界を映し出すのに似ています。

凪の状態のような、あなたの身の回りで感じる鎮まった世界を、写真に収めてみましょう。

フォトログの例

「心おだやかな時間」

➡静かな海を見ていると、それだけで心がおだやかになる。
　いろいろな感情が湧いた時、この光景を思い出したい。

太陽の力

太陽の存在は、私たちが生きるうえで欠かせません。

植物が太陽の光を浴びて元気に成長し、花を咲かせるように、私たちも太陽の恩恵を受けることで心身を活性化させています。光は明るさや美しさがあるだけでなく、私たちの心身の健康にも大きな影響を与えます。

太陽の光を浴びると、免疫力の向上やビタミンDの生成を促されるだけでなく、活力や喜びがもたらされます。

自分自身にも太陽のような光が輝いていることを思い出してください。自分の内なる光を感じ、その輝きをイメージしながら写真を撮ってみましょう。

フォトログの例

「太陽の輝き」

➡帰り道、見慣れたコスモスがふと気になった。深呼吸して
心を落ち着かせてシャッターを切った。いつものコスモス
がキラキラと光輝いていた。

8 水の記憶

　太陽だけでなく、私たちの生活には水も欠かせません。水は私たちに恵みをもたらし、命を育みます。

　澄んだ湧き水や流れる川、輝く海を見ていると、不思議と心が落ち着きませんか？
　地球が生まれてからの出来事は、すべて海の水に記憶されていると言われています。
　そう思うと、水は私たちの想像を超えた存在なのかもしれません。

　このレッスンでは、あなたの身近にある水に意識を向けてみます。実際に水に触れたり、その音を聴いたりすると、より深いつながりを感じられるでしょう。

フォトログの例

「命の源」

➡私たちはどこから来たんだろう。海の青さに触れた時、そんな気持ちがした。海は何も言わずただそこで、たくさんの命を育んでいた。

9 世界と自分の一体感

「一体感」とは、他者や環境とのつながりを感じ、共感や調和を生み出す心の状態です。

私たちは自然の一部であり、自然とつながっています。

私たちが自然の一部であることは、よほど強く意識をしない限り日常では忘れがちです。自然の一部であることを思い起こすためにも、自然との一体感がある瞬間を、写真に収めてみましょう。

部屋の観葉植物や公園の木々、街路樹など、身近な自然に目を向けて、植物や風景、季節の変化に意識を傾けましょう。

自然の美しさや力強さ、やさしさを写真に込め、自然との一体感を再確認しましょう。

フォトログの例

「地球とつながった」

➡海を散歩していたらぬかるみにはまった。脱出するはずが
　思いっきり転んで、どろんこになった。自分が自然とつな
　がって、地球の一部になったみたい。

今、ここ

　マインドフルネスは、「"今、ここ"に意識を向けること」と説明されることがよくあります。

「今、ここ」とは、過ぎ去った過去でも、まだ来ていない未来でもなく、今、目の前に広がる世界にあなたが存在していることを意味します。

　過去の後悔や未来への不安で、「今、ここ」の自分が押しつぶされそうになることもあるでしょう。
　だからこそ、過去にも未来にもとらわれない、「今この瞬間」の視点を持つのです。

　過去の出来事を変えることはできますか?

過去に起こったことは、もう済んでしまった
ことなので、残念ながら変えることも取り消す
こともできません。

　では、未来はどうでしょう？
　未来はあなたの「今、ここ」のあり方によっ
て変わってきます。

　あなたが、今に幸福を感じていれば、今から
ちょっと先の未来も幸福です。
　一方、過去に起こった出来事を変えることは
できませんが、「今、ここ」で自分が幸福と感
じていれば、失敗や後悔も学びの機会ととらえ
ることができます。

「あの出来事のせい」という思いから、「あの
出来事のおかげ」という視点にシフトできるの
です。

　過去も未来も、自分が「今、ここ」に意識を
集中させて生きることによって、自分自身で変
えることができるのです。

静かな場所に身を置き、軽く目を閉じ、深呼吸をして、いつものようにレッスンに向き合ってみてください。

　外界の刺激や思考があなたの心を騒がせるかもしれませんが、そっと受け入れ、そこに存在する感覚や感情を観察してみるのです。

「今、ここ」に集中します。

　目の前にある風景や身体の感覚、呼吸に意識を向けてみましょう。

　今この瞬間に集中することで、自分がこの瞬間に存在していることを、五感を通して感じてみてください。

「今、ここ」を大切にし、この瞬間を味わい、シャッターを切る。

　すると、世界はどのように見えるでしょう。

フォトログの例

「ニュートラルに見た世界」

➡この光景を見た時、心を鎮めてシャッターを切った。あとで見返した時、これがニュートラルに世界を観察した感じなんじゃないかって思った。写し鏡のような二極の世界の中心が見えたんだ。

‖ 心がととのう53のレッスン ‖

　1週間に1つのレッスンを実践し、1年（53週）を通して「撮るマインドフルネス」の効果を実感できるように、レッスンを増やしました。ぜひ楽しみながら心をととのえていきましょう。

テーマ　ポジティブ［⇒ Chapter 4］

目的 ポジティブ感情を高め、心身ともに元気になる

課題 宝探しのように好きなものを探す

1：何となく気になるもの
2：好きな色
3：好きな景色
4：好きな食べ物や飲み物
5：好きな光
6：好きな影

7：好きな人

8：好きな曲を思い浮かべながら

9：好きなものを自由に

10：自撮り／自分の笑顔

テーマ

セルフアクセプタンス（自己受容）

目的 自分自身をありのままに受け入れ、「ま、
いっか」の精神や心の柔軟性を養う

課題 自己否定しない、ありのままの自分

11：何となく気になるもの

12：毎日自分が使っているグラス

13：床や道に落ちている不用品

14：自分の部屋の明かり

15：ふわふわしたもの

16：窓から見たいつもの景色

17：自分の部屋

18：履き古した靴

19：日の当たる場所

20：どんな自分でもこれでいい

21：自撮り／にらめっこ的変顔

セルフコンパッション
（自分への慈しみ／思いやり）

目的 自己受容や自己肯定感を促進、自己肯定力を強化し自信をつける、自分を信じる力を取り戻す

課題 愛するだれかをケアするように、自分に寄り添う

22：気になるもの
23：安心できる場所
24：柔らかい光のなかで
25：心安らぐもの
26：やさしい世界
27：自分のための時間
28：そんな時もあるよね
29：大切にしているもの
30：僕らはみんな生きている
31：大地に立つ自分の足
32：みんなも同じ気持ち
33：自撮り／微笑み

感謝（グラティテュード）［⇒Chapter 5］

目的 幸福感を高める

課題 身近なものにも感謝の気持ちを向ける

34：何となく気になるもの

35：空（太陽、雲、雨など）

36：小さな幸せ

37：あたたかさ

38：季節の変化

39：窓辺の物語

40：当たり前の日常

41：道端の草花

42：光と影

43：もうひとりの自分

テーマ マインドフルネス [⇒ Chapter 6]

目的 マインドフルな状態を促進し、感情や
評価を超えたニュートラルな観察力を
養う

課題 ありのままに世界を観る

44：静かな気持ち
45：ありのままの景色
46：おだやかな時間
47：風のように呼吸する
48：調和
49：凪
50：太陽の力
51：水の記憶
52：世界と自分の一体感
53：今、ここ

Chapter **7**

「今の自分」を見つめ、
心をととのえる習慣

この章では、自分の感情や認知・思考パターンへの理解を深めて、本書のプログラムの実践をより効果的に進め、心をととのえる習慣が身についていきます。

1 写真からポジティブ感情も ネガティブ感情も伝わる

　写真はただの静物ではなく、瞬間を切り取り、その瞬間の感情も写し出しています。

　また、写真は思い出を保存します。写真を見ると、その時の感情が呼び覚まされ、その時の自分に立ち返ることができます。

　気持ちを込めて写真を撮れば、そこに目に見える被写体だけではなく、撮った自分の感情も写し出されていることにあなたも気づいたのではないかと思います。

　前のChapterまででお伝えしたように、感情は大きくネガティブ感情とポジティブ感情の2つに分けられます。ここで、これらの感情に向き合ってみましょう。

ネガティブ感情は、どんな時に生じるでしょうか？

　ネガティブ感情は、自分が否定された時や、不快や不幸だと感じた時などに湧きあがってきます。

　一般的にはネガティブ感情は「良くない」ものと扱われがちですが、怒りは問題と戦うために、不安は恐怖や危険から身を守るために、悲しみは愛する人と自分をつなぐために働いています。これらは、問題に立ち向かい問題を回避するなど、生存に必要な役割を持っているので、一概に「良くない」とは言えないのです。

　一方、ポジティブ感情はどうでしょう。

　こちらは、自分が肯定された時や楽しく心地良さを感じた時などに湧きあがる感情で、幸福感、喜び、希望、満足や愛に関連しています。

　一般的にポジティブ感情は「良い」ものと扱われているように、私たち人間の持つ強みをより発展させ、思考や行動の幅を広げる役割があります。

　ただし、ネガティブ感情とポジティブ感情のどちらも全面的に「良い・悪い」ということは

なく、私たちが生きていくうえで、それぞれ必要な感情なのです。

これら2つの感情はそれぞれ心身に影響を与えます。

近年までの心理学は、不安や抑うつ、攻撃性など人間のネガティブな心理側面によって生じる病的症状を研究対象にしてきました。

そのようななか、ネガティブ感情は、抑うつや心疾患など、心身の健康に悪影響を及ぼすことが報告されています[*1]。

「良い・悪い」ではないと言いつつも、長い時間、ネガティブ感情のままでいることは、心身に不調を起こす要因となってしまうのです。

1998年に心理学者のセリグマンによって「ポジティブ心理学」が誕生し、人間のポジティブな資源に着目した、豊かな人生や幸福感を育むためのあり方が研究されるようになりました[*2-4]。その結果、ポジティブ感情は、ネガティブ感情の影響を回復させる力があることが示されています[*5·6]。

ポジティブ・ネガティブを含めた感情の理解にもとづき、本書の写真によるプログラムはポジティブ心理学を理論的背景に据え、ポジティブな行為に注意を向けることで、ポジティブ感情を呼び起こし、心身を強化します。

　さらに「今、ここ」の瞬間をありのままに着目するマインドフルネスを活用し、感情に振り回されないニュートラルな心を手に入れましょう。

2 自分の可能性に
フタをする「思い込み」

　あなたの周りに「思い込み」の激しい人はいませんか？

「思い込み」は「ビリーフ*7」とも呼ばれ、自分の信念や理解が、すべての事象や現象について絶対的な真実であると信じている状態のことです。実際にどうかは定かではないのに、「こうだろう」と決めつけてしまうことは、だれしも覚えがあるのではないでしょうか。

　じつは、私自身もかつてはそのような「思い込み」に縛られて生きていました。

　若いころの私は身体に対してとても神経質になっており、自分は身体が弱いという「思い込み」を持っていました。それは小さいころに大病をした経験や、心配性の母の影響からきていたのかもしれません。

身体のちょっとした変調も、大きな病気の前兆かもしれないと真剣に心配し、そのことで頭がいっぱいになってしまいました。何をやっても手につかず、気持ちが晴れない日々が続いたこともあります。

　そんなある日、ウディ・アレン監督の映画『ハンナとその姉妹』を観て、自分の身体への神経質な態度をあらためる決意をしました。

　その映画の主人公は身体に神経質で、医者の一言一句に一喜一憂する姿が、まるで自分を鏡で見ているようでした。それが、とても滑稽に思えたのです。この出来事は、「もうひとりの自分が、自分を見る」、つまり自分を俯瞰して見た「メタ認知」の一例といえます。

　このメタ認知が私の思考を一変させました。滑稽なほど神経質な映画の主人公を観察することによって、私自身の行動を客観的にとらえられ、自分の身体に対する過剰な心配がどれほど不必要であったかを理解しました。その結果、私は「自分は身体が弱い」という思い込みを手放すことができたのです。

すると、目の前の霧が晴れ、新たな可能性が見えてきました。これまでできるとは思えなかったことにも、チャレンジできるようになったのです。

たとえば、私は数年前、命に関わるような大病も経験しました。でも、その時の私は以前とはまったく別人でした。

自己否定や何が悪かったのかと意味づけることもなく、悲しさや怒りの感情もなく、ただ、その事実を受け入れられたのです。そして、再発を恐れることもなく、「今、ここ」を大切に生きることができています。

これまでの経験から、人は考え方だけでこれほど変われるものなのだと実感しています。

解剖学者の養老孟司氏が、真に「わかる」ことは自分が「かわる」ことと述べているように、です。

本書で紹介する「マインドフルなフォトログ」は、まさにメタ認知の手法です。

自分の感情を主観的に綴った文章を、友人の話に耳を傾けるように客観的に読み返して、自分の思考や感情に距離を持って接します。

感情と同じように、ネガティブ・ポジティブどちらの思い込みも、それ自体は良くも悪くもありません。

　ただ、「自分にはできるわけがない」「私はだれからも愛されない」「私は何をやってもダメな人間だ」と思っていたら、その「思い込み」のように振るまってしまうかもしれません。

　客観的に自分を見て「思い込み」に気づいた時、それが自分の心を不安や不快にさせているなら、このままの自分で生きていくか、思い込みを手放すかを、選択するタイミングです。

　自分で自分の可能性にフタをしてしまうか、それとも自分で可能性の扉を開くかは、あなたの選択次第なのです。

3 自分の「心のクセ」に気づく

　自分がどのように世界と向き合っているのか
は、自分の「心のクセ」を探すことでわかりま
す。ここで言う「心のクセ」とは何でしょう？

　英語では「メンタル・ハビット（＝ 心の習
慣）*8」と言われます。一般的には、特定の感
情や反応パターンが自動的に繰り返し発生する
思考の傾向を指します。

　たとえば、仕事でちょっとしたミスをしてし
まい、上司に注意された時。同じ状況でも、人
によって反応はちがいます。

　ある人は、「今度からミスしないようにしよ
う」や「勉強になった」と思うかもしれません。

　でも、人によっては「私は何をやってもダメ」
「やっぱり会社勤めは合わない」と落ちこんで
しまうかもしれません。または、「上司はいい

時は見てくれなくて、ダメなところばかり注意する」などと思うかもしれません。

このように、無意識的にある種の刺激や状況に対して、反応を示すことが「クセ」になっていることが多いのです。これは、個々人の性格や習慣、過去の経験などによって形成され、だれもが持つものです。

一方、前項の「思い込み」もとてもよく似ていますが、こちらは特定の事象や現象に対する解釈や理解を指します。「心のクセ」はしばしば自覚的で、その人にとっての「事実」と認識しているものを反映しています。

たとえば、前項で紹介したように、「私は身体が弱い」と思い込んでいる場合、雨が降ってきたことに「雨に濡れると熱が出る」とネガティブに反応します（心のクセ）。

両者は相互に関連し合い、「心のクセ」はしばしば特定の思い込みから生じ、逆に思い込みは特定の「心のクセ」を強化することがあります。

4 「心のクセ」に対する アプローチ

　「心のクセ」はしばしば自動的な反応や無意識的な行動に結びついています。そのため、「心のクセ」を理解するためには、自分の行動や反応を観察することからはじめます。

　まず、自分がストレスを感じた時、怒りを感じた時、喜びを感じた時など、どのように反応するかを意識して観察します。

　次に、自分の反応が自分にとってポジティブ感情かネガティブ感情が生まれるかについて、観察します。ネガティブな反応（心のクセ）を見つけた場合、それを変えるための新しい反応を考え実行し、それを練習します。

　これは、自分の行動や反応を変えることで「心のクセ」を変えるアプローチで、行動療法の一環でもあります。

この本で紹介している「撮るマインドフルネス」で心をととのえるプログラムでは、ポジティブな心の側面に注意を向けるようなレッスンもありますが、そのレッスンについても、その人なりの反応があり、そこから生まれてくる主観的な気持ちをマインドフルなフォトログに書き出していけば、自分の反応が見えてくるはずです。

　時には気弱な自分がいるかもしれません。どこかイライラしている自分がいるかもしれません。でも、それで良いのです。

　時間をおくことで、主観的な気持ちから、もうひとりの自分を見るように客観的な気持ちに切り替え、自分の反応を観察してみましょう。自分の「心のクセ」に気づくことが大切です。

　本書のプログラムは、ポジティブなものの見方やとらえ方を繰り返すことで、これまで自動的に反応していた「心のクセ」から、新しい「心の習慣」にシフトしていくものです。写真と言葉を通じて、このプロセスを具体的に記録し、メタ認知とともに、内省のスキルとして活用していきましょう。

5 あなたの「心のフィルター」 は何色ですか?

想像してみてください。

あなたは会社の同僚と行きつけのカフェでランチプレートを楽しく食べています。オムライスをほお張ろうとしてスプーンからオムライスがこぼれ、お気に入りのブラウスにシミがついてしまいました。

それ以降、同僚の話はまったく耳に入らず、どうしたらシミが落ちるだろう、何てついていないんだろうと、そのことばかりを考えてしまう──。

このように1つのネガティブな出来事がきっかけで、すべての見え方が変わってしまうことはありませんか?

私たちが見ている世界は、私たち1人ひとりの心がつくり出すカラーフィルターを通して見

えています。それが「心のフィルター」です。

　これは、心の眼差しがどのように現実をとらえているかを示しています。しかし、そのフィルターは、時として現実をゆがめることがあり、この現象を「認知のゆがみ[*9-11]」と呼びます。認知のゆがみは、うつとも関連が示されています。[*12]

　よく見られる「認知のゆがみ」の例をいくつか紹介します。

❶ 白黒思考(オール・オア・ナッシング)

　すべてのものごとを、白か黒かのような極端な二分法で考えるゆがみです。彩り豊かな世界を、白黒のモノクロームで見てしまい、白と黒の間のグレーのグラデーションを感じられません。たとえば、好きか嫌いか、敵か味方か、良いか悪いかなど、両極端にとらえてしまいます。

❷ 過度な一般化

　ある出来事や経験が、いつどんな時においても起こると想定します。一度、大事な日に雨に降られたからといって、大事な日にはいつも雨が降ると考えてしまうようなゆがみです。

❸ マインドリーディング

具体的な証拠もないままに、ほかの人の心を読んだかのように決定づける認知のゆがみです。まるでテレパシー能力があるかのように、他人の心情を勝手に解釈してしまいます。「ひそひそ話しているのは、自分の悪い噂にちがいない」と思い込むのもそうです。

❹ マイナス思考

小さな問題やミスを過度に大げさにとらえ、最悪の結果を想像してしまうゆがみです。ちょっとしたつまずきを、大きな試練に見立ててしまいます。ブラウスにオムライスのシミがついてしまった、先ほどの例も同様です。

❺ 感情にもとづいた判断

自分の感情にもとづいて、あらゆることを決めつけてしまうゆがみです。「何だか今日は気分が乗らないから、きっとテストもうまくいかない……」と思うのもそうでしょう。

ここで紹介した５つの認知のゆがみは、過去の経験や環境・文化、ストレスや過労、心の状態などにより形成されます。

　このゆがみが強くなると、世界はいつも暗く見えてしまいます。精神的なストレスが増大し、達成感を味わうことがむずかしくなり、自己評価が低下し、対人関係が困難になる可能性があります。

　ただし、これらのゆがみは必ずしも悪いものではありません。

　私たちが過去の痛みから逃れ（過去の失敗の理由を何かのせいにする）、未来の失敗から自分を守る（マイナスの可能性を考え、リスクを回避する）ために存在します。

　しかしながら、これらのフィルターが強過ぎると、新しいチャレンジや機会を逃す原因になり、自己成長を妨げる可能性もあります。

「心のフィルター」はだれもが少なからず持っていますが、そのフィルターが強過ぎる場合は、調整が必要かもしれません。

本書では、ポジティブ感情や感謝、マインドフルネスへ注意を向けることで、ネガティブなフィルターの濃度を微調整する練習をします。

　自分の心地良い感情あるいは不快な感情を、もうひとりの自分が見るかのように観察してみましょう。

　自分の感情や思考をフォトログに書き出すことで、自分自身の思考パターンに気づくことができます。この時、自己否定をせずに「そう思ったんだね」と受け入れてください。

　ありのまま自分の気持ちを受け入れていくうちに、いつものものの見方や考え方が、だんだんとニュートラルに近づいていくのを感じることができるようになります。

　自分の心のフィルターが無色透明になったことをイメージするのも、自分の心をニュートラルにととのえる近道となるでしょう。

6　自分を理解し、
感情と上手につき合う

　ポジティブな感情が心地良さをもたらす。

　ネガティブな感情が問題を察知する。

　それぞれの感情は、私たちが生きていくうえ
で大切なメッセージを伝えています。

「今、ここ」を感じられるのは、自分の心がお
だやかに安定している状態です。そのような
時、私たちは心の声の発するメッセージを受け
とめやすくなっています。

　一方、「約束の時間に間に合わない、どうし
よう」などとあせる気持ちや、「これから先、
ひとりで生きていけるだろうか」などと不安に
なるネガティブな感情が支配する時は、「今、
ここ」から自分の心が離れてしまっている状態
です。そんな時は、自分の気持ちを鎮め、リ

ラックスが必要なサインといえるでしょう。

　また、イライラや不安といったネガティブな感情は負の連鎖を生みます。だからこそ、負の連鎖を止める意味でも、自分の感情を自分でととのえることが大切です。

　本書のプログラムを通して自分自身への理解を深めれば、感情に振り回されることなく、自分自身が感情をコントロールできるようになっていきます。

　感情をコントロールすべく、ネガティブな感情が湧きあがった時に、次のステップを試してみてください。

①目を閉じて深呼吸をします。
②「今、ここ」で起こっていることをありのままに感じてみます。
③自分の感情を客観的に観察します。
④「ああ、そう感じているんだね」
　と自分の感情を認識し、受けとめます。

　このプログラムで、あなたが「今、ここ」に集中して撮ったお気に入りの写真を思い出し、

その時の自分を感じてみてください。

　本プログラムを通して、「今、ここ」を感じた体験は、一生の宝物です。

　それは自転車を一度乗れるようになったら時間が経っても乗ることができるのと同様に、身体が覚えているものです。

　もしネガティブ感情がやってきた時は、自分の感情を理解し客観的に見てきた、これまでの練習の成果を発揮する絶好のチャンスです。

　訪れるネガティブ感情を、ゲームのように楽しみながらクリアしてください。慣れてくると、1分もあれば自分の心をととのえることができます。

　感情とうまくつき合えるようになると、やがて、あなた自身が自分の人生をコントロールできる感覚も手に入ります。きっと、あなたの人生も大きく変わるでしょう。

　目の前の世界をつくり出しているのは、自分自身であることにも気づくはずです。

7 人生は、自分を肯定する ことで好転する

　フォトログでは、自分が撮った写真を否定や批判をせずに、感じた気持ちをそのまま言葉にすることが大切だと繰り返しお伝えしてきました。というのも、否定はとても強力な負のパワーで私たちに影響を及ぼすからです。

　たとえば、上司から自分の仕事に対してダメ出しをされたり、親から「言うことを聞かない子はダメな子」と決めつけられたりする時。立場上コントロールできないこのような時には、否定される原因が自分にあると思うことで、あなたの自己評価は下がってしまうでしょう。
　恐怖や不快な気持ちを生じさせるような「嫌悪刺激」に繰り返しさらされることで意欲が低下し、行動を起こせなくなってしまう状態を、心理学では「学習性無力感」[*13] といいます。

「私はいつも失敗ばかり」

「やっぱりうまくいくはずがない」

「どうせ自分なんて」

　こうした言葉の根底には、あきらめの気持ちがあります。

　じつは、以前の私自身もあきらめてばかりでした。そんな私が一歩を踏み出すきっかけになったのが、写真です。

　ある時、何もできず日々を過ごす私を見かねて、「近所の写真教室に申し込んでおいたよ」と友人から電話がありました。「私にできるわけない」と、いつもの全否定が発動しつつも、こんな私を思ってくれる友人の気持ちに感謝し、重い腰を上げることにしました。

　教室に通いはじめると、私にとって写真を撮ることは、自分との対話のように感じられたのです。以来、「幸せそうな家族っていいなあ」「あなたはどうしたい？」と、「今、ここ」にいる自分に話しかけながら被写体を探すのが習慣になりました。そして、それまで何も決められ

なかった自分でも自由にシャッターを切っている時は、「写真を撮れば、こんなに心が自由になるんだ!」と胸が躍りました。

　私が写真に出会ったことで人生が変わったように、今あきらめ気味に人生を送っている（と思っている）人にも、写真には幸福な人生へ導かれるヒントが散りばめられています。そのヒントに気づき、一歩踏み出すことが人生を変えるきっかけにもなるのです。

　自分を肯定し、勇気を出して「今、ここ」に生きていることを楽しむ。「写真を撮る・観る・言葉にする」3つのステップは、そのような習慣づくりともいえます。
「できない」と自分で決めてしまうことは、「できる」かもしれない可能性を自ら奪っているのです。私は写真を撮りはじめて自分自身が変わったからこそ、そのことに気づけました。
　否定による学習性無力感から抜け出すには、ポジティブ感情や自己受容、自己肯定、そして小さな成功体験が大切です。自分の可能性を感じながら「今、ここ」の瞬間瞬間を生きていく

と、不思議なほどにやる気が湧いてきて、新し
いことにもチャレンジしたくなるでしょう。

　さあ、カメラを手にあなただけの物語をつ
くっていきましょう。写真では、道端に転がっ
ている小さな石から壮大な景色まで、あなたの
生きる世界すべてが被写体になります。

「写真を撮る・観る・言葉にする」の３ステッ
プで、あなたの日々が幸福で充実したものとな
ることを心から願っています。

参 考 文 献

〈Chapter 7-1〉

* 1　Fredrickson, B. L. (1998). What good are positive emotions?. Review of general psychology, 2(3), 300-319.

* 2　Seligman, M. E., & Csikszentmihalyi, M. (2000). Positive psychology: An introduction (Vol. 55, No. 1, p. 5-14). American Psychological Association.

* 3　Seligman, M. E. (2002). Positive psychology, positive prevention, and positive therapy. Handbook of positive psychology, 2(2002), 3-12.

* 4　Seligman, M. E., Steen, T. A., Park, N., & Peterson, C. (2005). Positive psychology progress: empirical validation of interventions. American psychologist, 60(5), 410-421.

* 5　Fredrickson, B. L., Mancuso, R. A., Branigan, C., & Tugade, M. M. (2000). The undoing effect of positive emotions. Motivation and emotion, 24, 237-258.

* 6　Fredrickson, B. L. (2001). The role of positive emotions in positive psychology: The broaden-and-build theory of positive emotions. American psychologist, 56(3), 218-226.

〈Chapter 7-2〉

* 7　Converse, P. E. (2006). The nature of belief systems in mass publics (1964). Critical review, 18(1-3), 1-74.

〈Chapter 7-3〉

* 8　Colvin, E., Gardner, B., Labelle, P. R., & Santor, D. (2021). The automaticity of positive and negative thinking: a scoping review of mental habits. Cognitive therapy and research, 1-27.

〈Chapter 7-5〉

* 9　Brehm, J. W., & Cohen, A. R. (1962). Explorations in cognitive dissonance.

* 10　Morvan, C., & O'Connor, A. (2017). An analysis of Leon Festinger's a theory of cognitive dissonance. Macat Library.

* 11　Burns, D. D. (1981). Feeling good (pp. 131-148). Signet Book.

* 12　Beck, A. T. (1964). Thinking and depression: II. Theory and therapy. Archives of general psychiatry, 10(6), 561-571.

〈Chapter 7-7〉

* 13　Seligman, M. E. (1972). Learned helplessness. Annual review of medicine, 23(1), 407-412.

おわりに

　私たちの人生は、山あり谷ありの連続です。そのなかで真の自分を発見するカギとなるのが、日々の体験や気づきです。「マインドフルなフォトログ」を通じて知った自分の好きなものや望み、いつも応援してくれるもうひとりの自分の存在。その存在と向き合いながら、人生を楽しんでほしい。それが、私がこの本の最後でみなさまに最も強く伝えたいメッセージです。

　私自身の人生も、写真とともに歩んできました。写真をはじめたことで心身が元気になり、人生を切り拓く勇気をもらいました。写真と心に関する研究を通じて、自己を再発見し、写真の奥深さを探究し続けてきたことは、私の生きがいであり、写真に救われた私の写真への恩返しそのものです。

　この本は、私が長い年月をかけて学んできた写真の叡智と自身の活用方法を、みなさまの役に立てていただきたいという一心から書き上げ

ました。特に Chapter 4～6 の3段階のプログラムは、私自身の経験と、これまで行なってきた研究の考察をベースに構築されています。それを通じて、みなさまが「今、ここ」を感じ、マインドフルネスな状態で中庸を体験し、新たな視点から世界を感じ取っていただけたら、これ以上の喜びはありません。

　写真を通じてもうひとりの自分との対話を重ねれば、どんな出来事に対しても、善悪や好き嫌い、快不快といった評価や判断をするのではなく、すべてを享受することができます。ひいては次なる成長の扉が開いていくでしょう。

　本書『「撮る」マインドフルネス』がみなさまの心に深く響き、心の健康と平和のために活用していただけることを、心から願っています。

　最後に、執筆に際し、私の想いをご理解いただき、ポジティブ心理学の観点からも細やかにサポートをしてくださった日本実業出版社・川上聡編集長、同じようにご理解いただきかつ、

こんなにすてきな本にしてくださった担当編集者の神村優歩さん、このお二人のご尽力に厚く御礼申し上げます。また、出版のチャンスをくださった株式会社ブックオリティの高橋朋宏先生、平城好誠先生、菊地大樹さん、小嶋享子さん、同期のみなさま、そして、真理にもとづき貴重なご助言をくださった方々、さらに、私がこの人生で出会ったすべてのみなさまに、心より感謝申し上げます。

　そして何より、最後まで本書におつき合いくださった読者のみなさま、本当にありがとうございました。

2023年9月18日一粒万倍日にて

　　　　　　　　　石原眞澄

石原　眞澄（いしはら ますみ）

医学博士、写真家、一般社団法人フォト サイエンス ソサエティ代表理事、国立研究開発法人国立長寿医療研究センター外来研究員、日本ポジティブサイコロジー医学会・日本心理学会・日本認知症予防学会会員。写真で心身ともに回復した経験から、科学的な写真の効果に興味を持つ。東北大学大学院医学系研究科脳機能開発研究分野博士課程修了。ナショナルセンターの研究員として、ポジティブ心理学にもとづいた独自の写真プログラムの実証研究を開始。高齢者を対象にした研究で気分改善効果を確認し、気分障害やうつ予防、認知症予防への非薬物療法の一選択肢として写真の有効性を実証中。1999年からカルチャーセンター、大学、病院などで、心が元気になる写真講座を主催し、小学生から高齢者まで幅広い年齢層の人々に写真の力を伝えている。2023年に一般社団法人を設立し、エビデンスのある写真プログラムの社会実装と更なる研究を実施中。著書に、『光の神話　心の扉を開くピンホール・アートフォト』（誠文堂新光社）、『9日間で自分が変わるフォトセラピー』（リヨン社）。

写真による心理効果の研究者としての業績
　https://researchmap.jp/ishihara8
石原眞澄 Web サイト
　http://www.imageworklab.com

「撮る」マインドフルネス
写真を見ると今の自分がわかる、心がととのう

2023年11月10日　初版発行

著　者　石原眞澄 ©M.Ishihara 2023
発行者　杉本淳一

発行所　株式会社日本実業出版社　東京都新宿区市谷本村町3-29 〒162-0845
　　　　編集部 ☎03-3268-5651
　　　　営業部 ☎03-3268-5161　　振　替　00170-1-25349
　　　　　　　　　　　　　　　　　https://www.njg.co.jp/

印刷・製本／リーブルテック

ISBN 978-4-534-06056-3　Printed in JAPAN

「今、ここ」に意識を集中する練習
心を強く、やわらかくする「マインドフルネス」入門

ジャン・チョーズン・
ベイズ 著

高橋由紀子 訳
定価 1760 円(税込)

グーグルなどの先端企業で取り入れられている「マインドフルネス」が手軽に実践できる53の練習。過去の出来事に後悔することも未来への不安もなくなり、人生のパフォーマンスが劇的に変わる!

本当に大切なことに集中するための
頭の"よはく"のつくり方

鈴木進介 著
定価 1540 円(税込)

思考の整理家である著者が、つい考え過ぎてしまう人が自分らしく行動できるようになる、頭の"よはく"のつくり方を解説。自分らしく考え、決断し、行動できる!

こころが片づく「書く」習慣

古川武士 著
定価 1430 円(税込)

頭のなかのモヤモヤが晴れ、ネガティブな気持ちがすっきりする18の「書く」習慣を大公開。その時の悩みや心の状態に合ったシートを使って書くだけで、ポジティブな自分に変わる!

定価変更の場合はご了承ください。